数说"一带一路"

A DATA-BASED EXPLANATION OF
ONE BELT ONE ROAD

主　编／肖振生
副主编／张　勤
　　　　周　旋

商务印书馆
The Commercial Press

2016年·北京

图书在版编目(CIP)数据

数说"一带一路"/肖振生主编.—北京:商务印书馆,2015
(2016.9重印)
ISBN 978-7-100-11800-2

Ⅰ.①数… Ⅱ.①肖… Ⅲ.①电视纪录片—专题片—解说词—中国—当代②区域经济合作—国际合作—中国 Ⅳ.①I235.2②F125.5

中国版本图书馆 CIP 数据核字(2015)第 275892 号

所有权利保留。
未经许可,不得以任何方式使用。

数说"一带一路"

肖振生 主编

商务印书馆出版
(北京王府井大街36号 邮政编码100710)
商务印书馆发行
北京冠中印刷厂印刷
ISBN 978-7-100-11800-2

2016年1月第1版   开本 787×1092 1/16
2016年9月北京第3次印刷   印张 10¾
定价:48.00元

主　编　肖振生

副主编　张　勤　周　旋

作　者（按音序排列）

　　　　丁雅妮　黄梦婷　黄　蓉　李　斌

　　　　李　洁　刘　颖　欧阳夏丹　宋　亮

　　　　王　戈　吴龙海　吴勇军　赵中良

　　　　朱继华

前 言

2015年，6月的一天。中央电视台旧址略显老态的大楼里，22层一间会议室中，气氛有些凝重。新闻中心经济新闻部的十几位记者，神色严峻。虽然他们都是央视新闻中心经济报道的主力军，在各自领域都堪称专家型记者，出色完成过很多重大报道任务，但是刚刚宣布的这项任务，对于他们来说可能是职业生涯中最大的一次挑战。

"发挥我们的专业和平台优势，在海量数据中发现并以最前沿的数据可视化的方式，来揭示'一带一路'的内在逻辑和可能给国家及百姓带来的变化和发展机遇。"——当经济新闻部主任肖振生明确此次任务的要求时，十几个记者没有一个人接茬儿。真的晕！3月28日，《推动共建丝绸之路经济带和21世纪海上丝绸之路的愿景与行动》刚刚发布，且不说"一带一路"本身是一个开放的平台，相关国家的范围在不断变化；即使是按照主要国家来讲，针对这个区域的统计数据非常有限。

虽然这些记者在数据新闻领域一直站在前沿，很多人参与过创作《数字十年》这本"十八大"代表人手一册的大会唯一指定图书；虽然他们曾率先利用大数据技术打造出的"两会大数据"，引发了社会的高度关注。在数据挖掘、整理和分析方面，可以说这群人都已经积累了非常丰富的经验。但即使是这样，这一次的任务还是让大家很犯难。没有现成的数据不说，这样一个跨越几大洲，主要国家超过60个，仅语言种类就超过40种，如此庞杂的数据体系，一时间让大家无从下手。

"要想打造出不同凡响的作品，能够真正满足受众的需求，我们只能下苦功夫、笨功夫，只有扎扎实实把功夫下到了，才会有真正有价值的原创作品。"——显然，不接茬儿也没用，大家只能选择出发。

国家发展改革委、商务部、中国人民银行、国家统计局、国家信息中心、国家能源局、工业和信息化部、海关总署、中国科学院、中国社会科学院、北京大学、北京语言大学、各行业协会、各大企业等近百家机构，成为大家频繁造访的地方；世界银行、国际货币基金组织、国际贸发组织等多个国际机构，登门拜访不现实，官方网站成

了大家经常光顾的地方。然而，仅靠这些基础数据的整理和分析还是无法有效揭示出60多个国家纵横古今的彼此联系。很感谢亿赞普大数据公司，他们在全球范围内强大的数据资源和大数据挖掘能力，帮我们在海量的互联网大数据中，抓取和分析出很多独家而有趣的内容。近四个月的时间里，我们挖掘和整理的数据量达到了1亿GB，相当于1亿部高清电影的数据量。

面对如此庞大的数据系统，如何绘制出每个人心中的"寻宝图"，然后能够按图索骥？这的确非常考验团队的策划能力和记者的专业能力。"一带一路"作为未来将会对中国乃至世界产生深远影响的宏伟构想，自然是经济金融、贸易投资、文化教育等等方方面面都有涉及，如何在第一季的作品中，能抓住最根本的脉络，以一种可知、可感的方式，生产最有价值的数据产品？团队的策划会开过几十次，最终，大家描摹出的数据框架就是本书最终呈现出的这样："一带一路"究其根本是沿线国家和人民生生不息的相连，在这样一种彼此需要中，货物、人员、能量、食物、产品、文化甚至是货币都在不停地奔跑，在位移和交换中，人与人和国与国之间的命运更加紧密地交织在了一起。

有了清晰的"寻宝图"，数据挖掘、整理和可视化的进度大大加快，与此同时，包括著名主持人欧阳夏丹在内的采访报道团队，也奔赴沿线十几个国家，在通过主持人瞬间穿越不同国家来实现数据可视化的同时，采访团队沿着数据挖掘给出的方向寻找并记录下了数据背后的很多故事。

国庆节期间，中央电视台在最重要的栏目《新闻联播》中，以罕见的长篇幅连续播出了我们创作的系列报道《数说命运共同体》，这个国内首部以"一带一路"为主题的数据发现式的报道，七天的播出，每天的收视率都在不断攀升，这意味着每天都有更多的观众被吸引到电视机前。在互联网上，仅主持人欧阳夏丹瞬间从演播室穿越的一条视频，点击量就超过了1,000万次。节目引发了社会各界的高度关注，很多国际组织、国内一些部委、投资机构、企业对《数说命运共同体》中披露的大量数据表示了浓厚的兴趣。而在节目之外，还有大量宝贵的数据资源，因为节目时长的关系，没有得到充分展开。很感谢商务印书馆周洪波总编辑的智慧与真诚，鼓励团队把费尽千辛万苦挖出来的"宝藏"，尽可能好地呈现给读者。

于是，有了这本在电视系列节目《数说命运共同体》之外的《数说"一带一路"》，它记录了一群有情怀、有理想、有追求、诚意满满的年轻人，在"一带一路"酸甜苦辣的数字之旅中，那些深刻的感悟、惊喜的发现和意外的收获。

打开这本书，跟随他们的脚步，开启你的"一带一路"寻宝之旅吧！相信你一定也会有自己的感悟、发现和收获！

目 录

第 1 章 生生不息的相连 / 1

48 台挖掘机:"一带一路"基础设施建设 / 3
1.3% 的 GDP 增长:一座桥带给一个国家的利好 / 7
35 天的行程缩短:一条公路带来的新生机 / 12
13.8% 的互联网覆盖率:怎么和世界做生意? / 18

第 2 章 奔跑的包裹 / 23

1 个枕头和 5,000 亿美元:中国买什么,世界都关注 / 24
10,000 亿美元和 14.6%:中国带给"一带一路"什么 / 29
13,050 公里:世界最长的货运班列 / 35
619 项:贸易壁垒何时能打破? / 40

第 3 章 人在路上 / 43

150 万公里和 8.7 万人:"一带一路"飞行路线图 / 44
2,500 万人次:大美丝路最心仪的地方在哪里 / 48
20 万留学生和 5,000 名徒弟:学在丝路 / 55
1,134 公里与 12 小时:"一带一路"随时走,远吗? / 59

第 4 章 能量的迁徙 / 63

0.71 立方米:一只脚下的天然气 / 65
1,400 万千瓦:中国给"一带一路"带去电力技术和装备 / 71
900 万度:每天跨国奔跑的电能 / 76
99% 的开发空间:互联互通的未来 / 78

第 5 章 口味连接你我 / 83

8,000 吨与 58 吨：辣味的交换与扩张 / 84
1 包方便面与 4,000 万吨棕榈油：食物与能源的生态链 / 88
1 袋酵母与 25 万吨高筋粉：馕与面包的命运共同体 / 93
1 克黑胡椒与 20,000 亿生意：食物从来不只是食物 / 97

第 6 章 中国制造，走起 / 101

5 席：中国手机在印度十强品牌中占半壁江山 / 103
4 吨：谁给自己准备的生日礼物如此"重"？ / 107
50 列：中国动车对马来西亚的改变 / 111
7.9%：工厂走了，GDP 依然跑赢全国 / 115

第 7 章 文化的旅行 / 121

15 亿美元：从未停歇的中国丝绸 / 122
60 亿美元：茶叶的旅行 / 127
161 亿元与 18 亿元人民币：影视的文化传播 / 134
10 亿美元：国产游戏瞄准东南亚市场 / 137

第 8 章 人民币新征程 / 141

27,800 亿元：人民币的国际化 / 142
5 亿到 40,000 亿美元：巨型外汇蓄水池是怎么形成的？ / 147
375%："一带一路"人民币结算正当时 / 151
4.54："一带一路"明天更好 / 156

第 1 章
生生不息的相连

当我告诉你,俄罗斯的铁路网营业里程为8.5万公里左右、哈萨克斯坦没有一条干线公路、巴基斯坦每百人手机拥有量是73.3部时,不知道你会对这些数字产生什么样的反应?是的,这些数字告诉我们,一个国家的经济水平决定着他们的生活方式。

在古老的丝绸之路上,骆驼、商船扮演着沿线国家彼此交流的媒介。当它们把茶叶、丝绸、瓷器从中国运往中亚、西亚、欧洲时,不同的文明从此相遇、交融。绵延了两千多年生生不息的相连,推动着文明的时钟向前移动,也让"一带一路"沿线国家成为命运的共同体。

今天,当全球进入高速发展的时代,当相遇方式变为以"小时"计算的空中航线、高速铁路,甚至是以"秒"计算的信息高速公路时,如何让相连跟上这股大潮?

从伊斯兰堡到阿拉木图,你有几种到达方式?一箱刚刚从希姆肯特农庄采摘下来的黄瓜,要多久才能摆上俄罗斯人的餐桌?

研究机构"国观智库"用一年

» "一带一路"沿线国家基础设施发展水平不一

时间，对"一带一路"沿线60多个国家的交通、通信和电力等数据进行分析整理，排出了一个基础设施水平"名次表"。新加坡以100分位居第一，不过紧随其后排名第二的阿联酋，得分就只有83.7，发展不均衡的态势就已经体现出来。我们以各国指数的平均值56.9为参照，再来分板块看一看吧。中东欧国家有68%高于平均数，在西亚北非地区，这个比例是59%，这两个区域的基础设施整体水平相对要好一些；而在中亚和南亚以及东南亚的大部分地区，则形成了巨大的洼地：东南亚地区只有36%的国家高于平均值，其中的缅甸，是整个版图上得分最低的国家，只有24.5；中亚五国中，只有哈萨克斯坦高于平均值；而南亚地区所有国家得分都低于平均值。

在这样的数字"版图"之下，流动时常会遭遇"梗阻"。从伊斯兰堡到阿拉木图短短1,000多公里，可即便坐飞机，最快也要飞上12个小时，因为这两个地方没有直接通航；希姆肯特的黄瓜要在公路上颠簸3天半才能蔫头耷脑地抵达俄罗斯，因为没有畅通的公路。这就是数字背后的故事，它向你展现的是一个冒着炊烟、五味杂陈的真实生活。

48台挖掘机：
"一带一路"基础设施建设

做买卖？留学？旅游？"一带一路"沿线国家的人员往来交流一直都很有热度。不过你可能不知道，还有一样也很热，那就是挖掘机。

修桥、修路、盖楼，这些工程项目都离不开挖掘机。

在地球坐标东经74°37′、北纬41°54′这个点上，是吉尔吉斯斯坦的一个施工现场。2015年8月21日，这一天，是来自中国的挖掘机手李广贞在这半径1公里的区域内折返工作的第7天。每天12个小时的工作量，李广贞操作着挖掘机，已经平整出300米长的路基。在过去

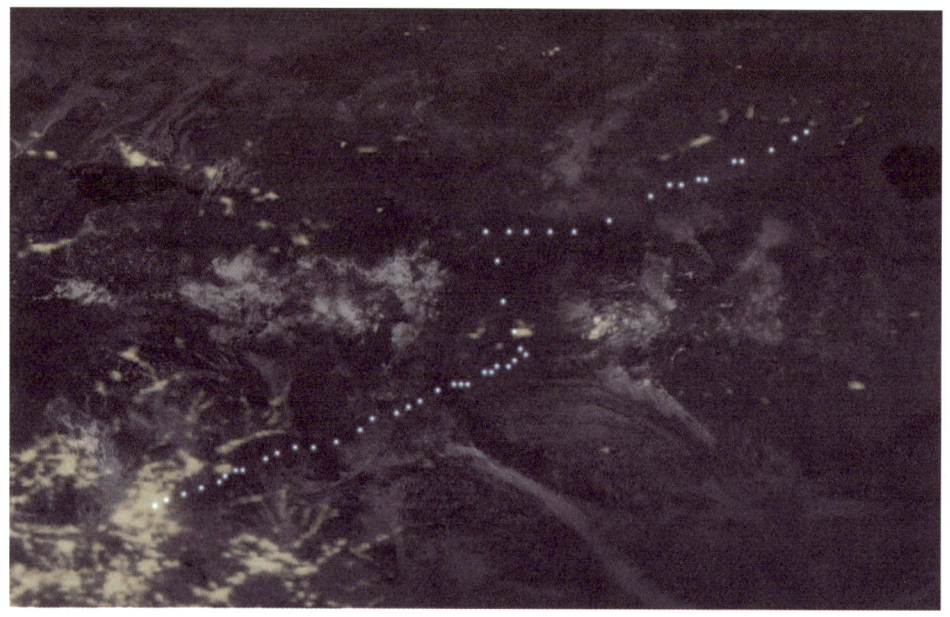

» 48台挖掘机位置描摹出的吉尔吉斯斯坦南北公路新线

一年多的时间里,陆续有48台挖掘机在这条全长421公里、贯穿吉尔吉斯斯坦的南北大通道上工作。这是吉尔吉斯斯坦第二条南北公路,也叫南北新线。这条公路总投资10亿美元,计划5年时间全线贯通。中交集团承建了其中249公里。

吉尔吉斯斯坦,这个与我国相邻的中亚内陆国,曾是古丝绸之路的必经之地,连接东西方的重要通道,而如今却为落后的交通基础设施所困扰。

由于地质条件等原因,吉尔吉斯斯坦境内铁路总长度只有不到500公里,公路运输是最重要的运输方式,占总运量的95%—97%。数据显示,截至2014年9月吉尔吉斯斯坦全国公路总里程34,000公里。然而,长期以来,由于预算、施工技术等原因,吉尔吉斯斯坦境内几乎没有新建公路,原有公路破损也极其严重,有些路段已经成为土路。唯一一条贯穿吉尔吉斯斯坦南北的公路路况堪忧,运输效率低下。由于部分路段地处山区,夏季经常会发生雨水冲刷引起的山体滑坡,冬季又经常发生雪崩事故,道路交通中断的情况时有发生。如遇断路,整个国家的交通大动脉就会瘫痪。

» 中交集团"一带一路"沿线工程设备分布

2014年开工建设的吉尔吉斯斯坦南北新线，形成了连接南北地区的又一条道路中枢，并将连通中吉乌公路和中吉哈公路，构成了吉尔吉斯斯坦境内公路网的主干，大幅降低客货运成本。同时，也把吉尔吉斯斯坦和中国以及欧洲地区更紧密地联结在一起，让彼此的贸易往来更顺畅。

最近5年，在整个"一带一路"沿线国家，随着商贸往来、人员流动越来越频繁，对于基础设施的需求越来越大。5年前，中交集团在"一带一路"沿线国家只有103台挖掘机，分布也只局限在塞尔维亚、黑山、巴基斯坦等6个国家。随着"一带一路"倡议的提出，情况发生了转变。特别是今年，在"一带一路"沿线国家挖掘机的数量是5年前的4倍，分布在不同区域的22个国家中。不仅是挖掘机，更多的起重机甚至是港口的疏浚船、吊装船开始出现在"一带一路"沿线，它们的分布区域也从过去集中的中亚、东欧一带，扩展到东南亚、南亚，甚至是西亚和北非。

挖掘机背后，正是巨大的基础设施缺口。根据测算，2015—2019年间，"一带一路"沿线国家基础设施累计投资将超过30,000亿美元，而每一万美元的投资将会带动当地GDP增加3—4万美元。

» 基础设施投资超 30,000 亿美元（2015—2019）

:延伸阅读:

挖掘机背后的"一带一路"工程

一个企业的数据，大体可以让我们"窥豹一斑"。目前，中国企业，特别是中央企业在"一带一路"沿线承建了多个大型项目。

在电力领域，央企在境外建设的电站涵盖火电、水电、核电、风电和太阳能、生物质能发电等多种类型，在周边国家建成和在建的水电项目达 17 个，总装机容量近 1,000 万千瓦。

在交通领域，中国的企业承建了塞尔维亚的泽蒙—博尔察大桥，这是第一座由中国企业在欧洲建造的大桥；连接肯尼亚首都内罗毕和东非第一大港蒙巴萨港的蒙内铁路、乌兹别克斯坦铁路、斯里兰卡南部铁路、以色列特拉维夫轻轨、哈萨克斯坦阿斯塔纳轻轨等多个项目也都是由中国企业承建。此外，目前中国的铁路装备已经实现了六大洲的全覆盖，轨道车辆整车产品已进入北美发达国家市场。目前，已有 80 多家中央企业在"一带一路"沿线国家设立分支机构。

夏丹片语

孟加拉国这个国家给人的印象首先就是人多。在首都达卡,每条街道在迎来晨曦的时候,也迎来了人群。直到后半夜,密集的人群也并不散去。人们密密麻麻地遍布在每一处能够立足的寸土上。这是我们走过的国家里唯一一个感觉比中国的人还要多的地方。

然后就是路上的车多。机动车道路上永远在堵车,三轮车、小蹦蹦跟各种机动车一起堵在道路上,司机们不厌其烦地按着喇叭。所有车辆都在此起彼伏的喇叭声中,随着节奏交错、无序地在车流中避让穿插。我就纳闷了,怎么路上看不到任何一起剐蹭事故?没有人停下车来争吵拌嘴闹纠纷。其实不是这里的驾驶员技术有多高超,而是司机大叔小哥们儿似乎都没有"路怒症",可能跟整个民族的平和心态有关系,这个要点赞。另外,一个不争的事实就是,这里的车大概都是二手的,车身前后不少都装了碰碰车一般的保险杠,车流里偶尔推推搡搡就像踩了人家的鞋跟一样,挥个手嘟囔两句就各自赶路去了。

1.3%的GDP增长:
一座桥带给一个国家的利好

一座桥对于孟加拉国来说,到底有多重要?如果在百度搜索关键词"孟加拉 渡轮",你会发现,175,000个搜索结果中,大部分是关于渡轮沉没的新闻。就在2015年2月份,一艘载有大约150名乘客的渡船在孟加拉国马尼格甘杰地区的帕德玛河上与一艘货船相撞后沉没,造成65人死亡。过去几年里,这样的事故时有发生。

孟加拉国是世界上河流最稠密的国家之一。这里河流纵横,密如蛛网。帕德玛河是孟加拉国著名的河流之一。"帕德玛"是恒河流入孟加拉国以后的名字。这条河的河面最宽处甚至可以达到30公里。

而它又正好处于孟加拉国最大的两座城市之间,把整个孟加拉国一分为二,成为这个国家陆上交通的最大障碍。因为没有桥,过河也成为一件不容易的事。货车司机阿米尔常年奔波于帕德玛河两岸,对他来说,时间在这里一点儿都不重要。正常情况下,阿米尔从达卡南部的帕德玛河渡口边乘汽车渡轮到对岸,需要五六个小时,不过这一天,他为了过河却排了一天一夜的队,因为要过河的大货车太多了。渡口乱糟糟的,到处一片狼藉,很多司机不耐烦地按着喇叭,刺耳的"嘀——嘀——"声此起彼伏。阿米尔对这样的场景见怪不怪,因为这还不算太糟糕。要是遇到冬天大雾或者雷暴天气,等上半个月过河也是可能的。

可喜的是,这样的日子就要结束了。

今年以来,来往孟加拉国的中国船舶明显比往年多了很多,平均每个月都有三四艘大型船舶从中国出发,它们将26万吨钢材、数十台打桩机和150多辆大型工程车运到距离阿米尔过河的渡口不到一公里的地方。在这儿,建设工地一片忙碌。孟加拉国有史以来最大的一座桥将在这里诞生,这也是迄今为止中国企业承建的最大国际桥梁项目——帕德玛大桥。

帕德玛大桥上层通公路、下层跑火车,它把孟加拉国南部21个区和首都达卡连接起来,同时也是泛亚铁路的重要部分。大桥修通以后,解决的还不仅仅是交通"断点"问题,天然气、电力、光纤等线路

» 帕德玛河拥挤的轮渡口和等待过河的货车司机们

都能够通过大桥连接两岸。这也意味着，随着大桥的建成，不但两岸人员来往方便了，基本的生活水平也会提升一大截。西南部的人们可以用上方便清洁的天然气，电力供应会更稳定，与外部世界的连通变得更加简单。亚洲开发银行曾经做过估算，大桥项目完工后，将会带动整个孟加拉国的GDP增长1.3%，西南部19个区的GDP将增长2.5%。

这样一座桥，修起来可不简单，最难的要数桥梁钢桩的安装工程。大桥的"基石"是240根钢桩，每一根直径3米、自重500多吨。这么多的"巨无霸"最后都要斜向插入河床之下120米，因为只有这样才能让大桥在雨季与来势凶猛的洪水相抗衡。这种打桩建桥的施工难度全球罕见，孟加拉国给世界桥梁建造业呈上了高难度的试卷。而接下这张试卷的，是一支来自中国的工程队伍——中国中铁大桥局的工程技术人员。他们的努力，让试卷上的难题逐个解决。

作为大桥的执行工程师和项目经理，35岁的德万第一次参加这样的大型项目，他既感到荣耀，同时也深感压力。他的主要工作是监督

» 帕德玛大桥施工现场

和统筹整体项目施工进度，并对大桥施工质量进行检测。这一晚，大桥施工现场进行了第一次打桩加压测试。中方的技术人员向德万通报了试验结果。听到试验指标正常，德万一直紧张的心情终于放松了下来。接下来的几周，这样的试验还要进行多次，雨季过后，钢桩安装工作将正式展开。2018年，这座桥将正式建成。

目前孟加拉国有7个大型基础设施建设项目，帕德玛大桥可以说是头号工程。从最基层的建筑工人，到像德万这样的管理者，帕德玛大

» 帕德玛大桥孟方项目经理德万（中）在施工现场办公

桥80%的建设者来自当地。一座大桥4年左右的建造周期，让这个原本缺少专业技术力量的国家拥有了自己的工程技术队伍。按照规划，帕德玛大桥建造过半时，孟加拉国的另一座大桥——连接印度和本那坡陆港的大桥也将开工。作为孟加拉国最年轻的大型项目管理者，德万也在憧憬自己越走越坚实的职业道路。

一座桥，连通的不仅是"断点"，也是通向未来的路。

延伸阅读

那些"一带一路"上的交通"断点"

目前全球基础设施发展的"步调"并不一致。不连不通、连而不通、通而不畅现象普遍，"一带一路"就是希望拉近各国在地理空间、物理空间和制度空间上的距离，为全球发展打通经络、舒筋活血。

"一带一路"沿线主要国家拥有规模巨大的基础设施网络，其中铁路网总里程约56.9万公里，约占全球铁路网总里程的50%；公路1,800万公里，约占全球公路总里程的

17.6%；机场总数为 3,695 个，约占全球机场总数的 8.8%；内河航道里程约 33.3 万公里，约占全球内河航道里程的 50%；互联网服务器总量为 40.8 万台，约占全球总量的 32%。此外，经济区内还拥有 56 万公里天然气管道里程和 19.5 万公里原油管道。*

在这里，还存在很多"不通"的地方。比如，中国与南亚方向至今仍无连通的铁路。与东南亚国家的铁路连通，也是充满了断点。以全长 5,445 公里的泛亚铁路东线为例，这条铁路通道穿越中、越、柬、泰，把中国和中南半岛连接起来。遗憾的是，在越南的禄宁和柬埔寨的巴登之间，有 275 公里的缺失路段，让这条通道发生了"梗阻"。

再到老挝看一看：从首都万象到沙耶武里，560 公里的路程需要颠簸 16 个小时才可以到达，跨过湄公河仍然要靠摆渡。而在发达经济体内，这段路程坐高速铁路只需要 2 小时就能到达。

而著名的昆曼国际公路，全长 1,800 余公里，东起昆（明）玉（溪）高速公路入口处的昆明收费站，止于泰国曼谷。虽然早在 2008 年 12 月就正式通车，可这条国际大通道一直被老挝会晒与泰国清孔之间的湄公河阻隔，通而不畅。直到 2013 年底，清孔—会晒大桥建成通车，这条大通道才算是全程无缝连接。即便如此，还是面临公路等级不同、路况条件不一等问题，通行水平差异很大。

---

* 数据来源：世界经济论坛，中国科学院地理科学与资源研究所。

夏丹片语

孟加拉国堵车不只是在首都达卡，在港口城市吉大港，我们遭遇同样的堵车，白天晚上不间断地堵着。我们跟当地的朋友们聊天，他们说道路太多年没有修缮过了，更别说拓宽改建。码头上等着摆渡的司机们更是这种道路堵车的直接见证人。他们见到一队东方面孔来渡口拍摄架桥修路的节目，一下子就聚拢过来。但是很有趣，采访现场没有七嘴八舌的抱怨，或者指手画脚的随声附和。而是所有人都静静地围起来，听我们采访的那位司机一个人讲述堵车时司机们如何在码头等几天几夜，如何在帕德玛河里打水洗澡，如何在车里和衣而睡。人们似乎习惯了这种堵车的司机生涯，默默忍受着我们这些焦躁的北京居民忍无可忍的那种漫长等待。

35 天的行程缩短：
一条公路带来的新生机

在哈萨克斯坦南部的希姆肯特郊区，一支来自中国的施工队正在赶工期，他们要抢在今年 11 月冻土期到来前打通脚下的路段。从 2010 年起，这支施工队伍已经在这里奋战了 5 年，他们参与改建和扩建的，是一条连通中国西部和欧洲西部的大通道——全长 8,000 多公里的"双西公路"。

哈萨克斯坦，古老丝绸之路上连接中国与欧洲的重要节点。它地处中亚，东南连接中国新疆，北临俄罗斯，南部与乌兹别克斯坦、土库曼斯坦和吉尔吉斯斯坦接壤。这里是古代中国通往中亚之路的必经之地，是中西方贸易的"中继站"。

位于哈萨克斯坦南部的希姆肯特是这条古老丝绸之路大通道上的

» "双西公路"旧路，脆弱的道路已跟不上现代交通需求的节奏

生生不息的相连

» 中国施工队参与改建和扩建的"双西公路"即将竣工

重镇,由于交通便利,熙来攘往的驼队和商人让这里一度成为繁荣的商业中心。这样的繁荣一直绵延到20世纪末。

阿列克的餐厅就开在希姆肯特郊外塞拉姆村的公路边。这里过去可是来往欧亚大陆的司机们的必经之地。守着这样的好位置,阿列克的餐厅很是红火了好多年。就在离阿列克餐厅不远的村子里,是巴依杜拉老人的"阿拉莎"农庄。早在20世纪90年代,巴依杜拉老人就是远近闻名的种瓜大户。哈萨克斯坦南部土壤肥沃、日照充足,"阿拉莎"农庄出产的瓜果非常香甜可口。很多来自欧洲的农产品商人都慕名到"阿拉莎"农庄来订货。来回路上,阿列克的餐厅是司机们最好的休息点。

不过现在,情况却发生了很大的改变。最先感受到变化的是开餐厅的阿列克。近些年,门前大路上来往的车辆明显少了,阿列克餐厅的生意一落千丈,每天仅有的几个顾客,还不够维持正常开销。而"阿拉莎"农庄的外国客商也渐渐消失了踪影。

» "双西公路"开通在即,越来越多的希姆肯特农户开始扩大种植面积,增加种植品种

问题就出在这里的路上。希姆肯特地处中亚腹地,靠不上海运,附近也没有铁路,农民们的生计全都要依靠公路运输。可是这里的公路都是20世纪60年代修建的三级公路,全部是混凝土路面;按照当时的设计标准,道路的最大承载力只有6吨。而这些年,车辆在不断增加,一辆集装箱货车,载重一般都在50吨左右。脆弱的道路逐渐跟不上现代交通需求的节奏,尘土飞扬的道路上,石头多,路面也是坑坑洼洼,车一多,车速就很难超过每小时30公里;遇上交通事故,整条路干脆就堵上一天半天的。糟糕的路况让货运时间越来越长。最让巴依杜拉老人痛心的是,新鲜的果蔬还没到地方就开始变质腐烂。久而久之,那些慕名而来的外国商贩们不来了,农庄里大量的瓜果蔬菜只能低价卖到附近的城镇集市,不少农户入不敷出。几年下来,巴依杜拉老人的哈密瓜园也从最初的28公顷缩减到不足10公顷。

这就是哈萨克斯坦交通运输的真实写照。哈萨克斯坦没有出海口,是世界上最大的内陆国家。公路是哈萨克斯坦货物运输的主要渠道,占到了所有运输方式的84.4%。可这里目前仅有一条全长224公里的高速公路,四车道以上的一级公路总里程只有500多公里,仅占所有公路的4%。*整个国家大约只有37%的国道和9%的地方公路状况良好,大多数为三级公路,很多地方车辆的平均时速不超过33公里。

---

* 2010年数据,数据来源:亚洲公路网。

根据预测，2020年中欧贸易将会达到10,000亿美元。如此巨大的市场，作为中欧贸易往来的重要通道，哈萨克斯坦当然希望能从中获益，带动整个国家的经济发展。这也意味着，哈萨克斯坦现有的经济网络和交通网络都需要改善，以更好地承担起经济和交通枢纽的作用。

2009年，中、俄、哈三国决定联手改变欧亚大陆通行难的问题，"西欧—中国西部"国际公路运输走廊计划应运而生。来自中国、土耳其、捷克、阿塞拜疆、意大利等国家的筑路者们，开始铺设这条当代的"丝绸之路"，计划于2015年底建成通车。届时，"双西公路"将成为亚太国家到达欧洲市场的最短运输路线。从中国连云港出发运往欧洲的货物，只要10天就能运到欧洲西部，比目前缩短35天左右。而身处这条交通大动脉中枢的哈萨克斯坦，在公路贯通后，仅仅从过境货物，每年就将获得数亿美元的收入。

眼看着道路将要修通，巴依杜拉老人开始规划农庄的扩张计划。路通了，就会给他带来更多的客户。巴依杜拉老人的种植"清单"上，现在还加上了西瓜、洋葱等果蔬。阿列克的新计划也在紧锣密鼓地进行中，新房子的土木建设已经完工。随着道路通行，他的餐厅会迎来更多的顾客。

新的希望，在这片沃土上，因着一条公路，再次集结出发。

» 随着道路的改扩建工程接近尾声，阿列克家的餐厅扩建也基本完成，恢复了往日的热闹

:延伸阅读:

"一带一路"公路通行有多难?

事实上,穿行于"一带一路"沿线,公路通行并没有想象中容易。

根据世界经济论坛(WEF)建立的公路网基础设施状况指数分析,2012—2013年度全球公路质量平均指数为57.1。在"一带一路"亚洲区域内,仅中国高于这一指数,巴基斯坦持平,其余各国均低于这一指数,俄罗斯、哈萨克斯坦、吉尔吉斯斯坦、孟加拉国、缅甸等国都要低于平均数10—20个点数。数字说明,这些地区的公路质量状况较差。

广袤的中亚地区,公路里程仅占亚洲公路网的19.3%,而高等级公路所占比重45.8%,在乌兹别克斯坦、土库曼斯坦,迄今尚无高速公路。南亚国家情况同样不乐观。它们的公路里程占亚洲公路网的19.6%,而高等级公路的比重也只有42.7%。*

这些基础设施的不足,严重制约了国内经济的发展,也影响了国家和国家之间的贸易往来。

就拿中巴经济走廊的起点——喀喇昆仑公路来说吧。这条初建于20世纪六七十年代的公路,连接着中国新疆喀什与巴基斯坦北部,穿越喀喇昆仑、喜马拉雅、兴都库什三大山脉和帕米尔高原,是巴基斯坦北部通往首都伊斯兰堡及南部沿海地区的交通要道,也是中国通往巴基斯坦及其南部港口卡拉奇、南亚次大陆、中东地区的唯一陆路通道。随着时间的推移,以及自然灾害的影响,这条公路破损严重,在中国境内平坦的路段,进入巴基斯坦境内后,就变成了沙石路。

而发生在2010年巴基斯坦阿塔巴德地区的大规模山体滑坡,更是在公路上形成了一个24公里长的堰塞湖,公路被截成两段。通行中断后,中巴两国人员和贸易往来受到极大影响。中国喀什到巴基斯坦吉尔吉特的国际大巴被迫停运。货运卡车开到堰塞湖边后只能将货物卸下装船,由船只将货物运到对岸,再重新装上其他卡车,运输效率大幅下降,成本大幅上升。

2008年开始的改扩建工程,让这条大通道的通行能力逐渐恢复。扩建后的喀喇昆仑公路将由现在的10米宽扩为30米宽,车辆时速可达80公里,运输能力提高3倍,同时适合大型载重车辆通行。而因堰塞湖中断通行5年的公路通道在2015年9月重新恢复通车。喀喇昆仑公路重新贯通后,中国新疆和巴基斯坦贸易物流时间缩短8天左右,运输费用每吨至少降低100美元。

事实上,"通而不畅"是"一带一路"沿线国家道路交通的"心病"。由于各国公路等级不一致,道路通行能力差别也很大。

缅甸的第一条"高速公路"是2009年通车的"仰光—内比都—曼德勒高速公路",这条公路是缅甸最重要的南北大通道,同时向东北连接中国边境城市瑞丽,是中国与缅甸进行贸易的重要通道。不过虽说是高速公路,全长336英里,只有41英里铺设了柏油路面。双

---

* 数据来源:中国科学院地理科学与资源研究所。

向4个车道也比标准的"八车道"少了一半。由于建设没有达标,这条公路建成后事故频发,截至2013年底,这条高速路上,交通事故造成337人死亡、710人受伤。

在公路运输占到90%以上的老挝,90%以上为县通公路,其中只有6,324公里为柏油路面,其余大部分是碎石路面和土路,只能旱季通车。13号公路是老挝贯穿南北的交通大动脉,也是老挝境内唯一路况良好的公路。这条路北面连接中国云南,起点为南塔省的那堆,终点为占巴塞省与柬埔寨边境交界点,全长1,400余公里。这样一条交通要道,通行并不畅。在万象以北的山区,13号公路车辆时速基本在40公里左右。从磨丁到琅勃拉邦约300多公里,而国际班车要走8小时以上。

亿赞普大数据在搜索了"一带一路"沿线国家民众对于基础设施的需求后发现,公路、铁路、通信设施成为需求热度榜单的前3位。而沿线对交通基础设施建设关注度排名在前3位的区域分别是东南亚、中亚和南亚地区。他们希望和中国互通机电产品、纺织品以及服装等。这都离不开交通运输。

随着"一带一路"倡议的提出,中国与沿线各国都在加快交通基础设施的互联互通。目前一批国际公路通道正在加紧建设:云南的中老泰公路、中越公路、中缅公路以及中印公路国内段大部分目前已建成高速公路。而广西崇左、靖西至龙邦高速年底建成后,将打通我国桂西、滇东、黔南通往东南亚各国的陆路通道。

在中亚、中欧之间也将开通多条客货道路运输线路,带来更大的市场空间、更多的就业机会和更广的合作领域。

而事实上,由中国倡议提出的"一带一路"计划,正在和不同国家的发展计划,如哈萨克斯坦"光明大道"计划、蒙古国"草原之路"、俄罗斯"跨欧亚大通道建设"等对接起来,让沿线各国人民共享发展成果。

» 大数据搜索显示,公路、铁路、通信设施成为"一带一路"沿线需求热度榜单的前3位

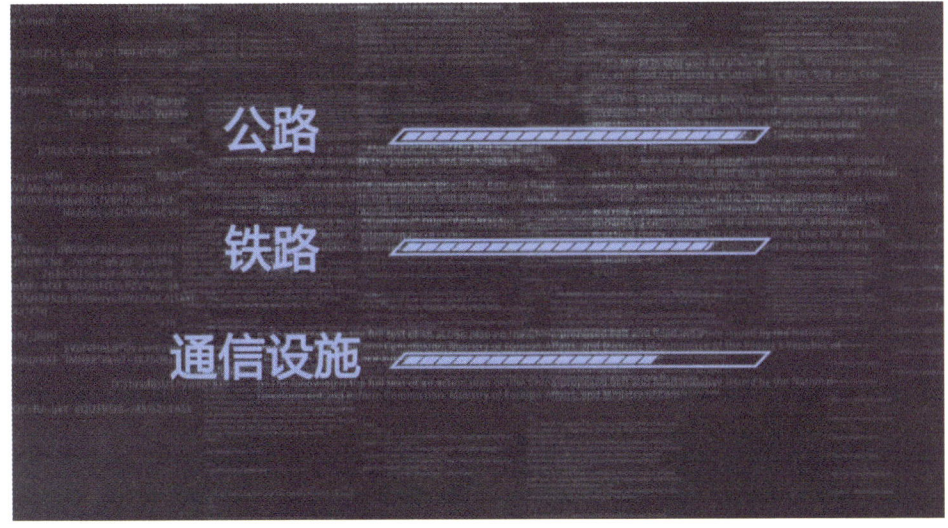

老挝在 2015 年开始实施的"八五"规划中,把交通基础设施建设作为重要战略,排在首位的项目便是磨丁口岸—万象的中老铁路;印度尼西亚 2015 年的基础设施投资额调高到 244 亿美元,创下历史新高;2014 年底签约的中泰铁路预计 2015 年底前开工,建成通车后,曼谷将成为 21 世纪海上丝绸之路的重要站点。在中国的陆上邻国中,已经有俄罗斯、蒙古国、哈萨克斯坦、朝鲜和越南等国与中国开行了直通列车。老挝、缅甸、尼泊尔、印度、吉尔吉斯斯坦和巴基斯坦等国正在或即将建设直通中国的铁路。

未来 10 年,"一带一路"沿线国家基础设施投资将达 80,000 亿美元,而随着基础设施的互联互通,沿线国家之间的联系将更加紧密,形成互利共赢的区域及全球经济新布局。

夏丹片语

在哈萨克斯坦连接中国的公路上,原先有一家哈萨克小餐厅,餐厅里的小厨娘守着老路把自家小本生意的餐厅干倒闭了。之后中国的施工队来这里给哈萨克斯坦修路,小厨娘应聘到工地后厨打工。路修起来,小厨娘又动了开餐馆的心思,不过这次她的梦想是要开一家中国餐馆。看来,她在中国施工队的后厨拜师学艺有了精进,而且跑在这条路上的中国面孔是越来越多了。

13.8% 的互联网覆盖率:
怎么和世界做生意?

在巴基斯坦首都伊斯兰堡的手机卖场里,一些"久违"的老款手机在这里都能看到。铃声大、待机时间长、操作简单,手机店店主瓦西姆说,最畅销的就是这样的手机,当然,便宜的价格是关键,不到 200 元人民币一部,很受大众欢迎。最近,3G 手机的销量也在上升,不过最便宜的 3G 手机也要 1,000 多元人民币,那些六七千元一台的新款智能手机更是和普通人的钱包"距离遥远",目前,巴基斯坦 3G 手机的覆盖率只有 18% 左右。

在"一带一路"沿线,南亚国家的基础设施水平普遍偏低,巴基斯坦就是其中之一,尤其是通信基础设施的水平,在"一带一路"国家中几乎排在最后。在巴基

» 巴基斯坦首都伊斯兰堡的手机市场，很多老款手机随处可见

斯坦，每100个人里手机用户只有73.3个，互联网用户占总人口的13.8%，固定宽带用户100个人里只有1.1个，而手机宽带用户100个人里仅有5.1个。

拿起手机，上网、购物、工作，当很多国家的人早已在3G，甚至是4G的信息通道上随时随地与世界连接时，巴基斯坦的信息时代才刚刚起步。2014年4月，巴基斯坦首次拍卖3G和4G牌照，来自中国的通信运营商——中国移动巴基斯坦辛姆巴科公司成为唯一一家同时拿到3G、4G运营权的企业。这也带动了巴基斯坦移动通讯的快速发展。一年多的时间里，辛姆巴科的3G用户已经超过300多万，而4G网络则覆盖到了55个城市。数字背后藏着一个巨大的市场，许多商家从这里"嗅"到了互联网新商机。

位于伊斯兰堡的"e概念"公司就是其中之一。过去几年，这个规模不大的企业一直做着手机短信和语音业务，这样的业务主要是针对非智能手机用户的。在巴基斯坦，能做这样业务的企业不少，市场已经接近饱和，企业的实际利润并不很高。不久前，"e概念"公司尝试转向移动互联领域应用，推出了一款叫作"职业界限"的手机应用——用户通过手机，就可以发现巴基斯坦甚至是国外的工作机会。这样的一个应用为公司带来了不小的收益。不但订阅用户比以前翻了倍,施展空间也更加广阔,因为随着3G的推进,手机资费在下降,市场上智能手机卖得更好了,这就意味着更大的市场空间。

当位于伊斯兰堡的互联网公司因3G到来而打开一片新领域时,在巴基斯坦南部城市卡拉奇,同样的欣喜也在上演。拥有自己电商企业的年轻人达希尔发现,从去年3G、4G牌照拍卖以来,自己的网站没有进行市场推广,流量却增长了一倍,这股力量让他坚定了未来的美好前景。

达希尔的创业故事很戏剧化。7年前的巴基斯坦,通信水平落后,物流能力也非常低,几乎没有电子商务。爱赶时髦的达希尔想在亚马逊的网上商城买个iPod,可却被告知电子产品无法销售到巴基斯坦。颇有商业头脑的达希尔隐约看到了商机,于是创立了自己的电子商务网站。那时上网非常不方便,几乎没有什么人知道达希尔的网站,半年后达希尔才做成第一单生意:把从中国的网站订来的MP3以两倍的价格卖了出去。

如今,上网的人越来越多,上网的费用也在不断降低。达希尔的网上商城平均每天能达成400单生意,拥有雇员65人。每天傍晚是对外配送的时间,也是公司最为忙

» 位于巴基斯坦首都伊斯兰堡的"e概念"公司正在积极推进3G应用

碌的时刻,在未来的40小时内,这些大大小小的包裹被送往遍布巴基斯坦的各个角落。

2014年,巴基斯坦所有电子商务平台的交易总额约3,500万美元,虽然和美国、中国的电商巨头千亿美元的交易额相比,这个数字很微小,但是近2亿人口,1.6亿手机用户,3,100万互联网用户,这无疑是个潜力巨大的市场:根据预测,到2019年,巴基斯坦3G以及4G用户将达到1.4亿;到2020年,宽带用户也将达到2,500万至4,500万。达希尔相信,那才是真正的黄金时代。

» 达希尔的电子商城生意红火

» 卡拉奇电商购物平台的配送中心

| 延伸阅读 |

"一带一路"上的"信息丝路"

世界经济论坛用网络准备指数(Networked Readiness Index,NRI)来衡量一个国家和地区融入网络世界所做的准备程度,而这个指数也包含了加入未来网络世界的潜力。根据最新发布的数据,2015年,在144个排名的国家中,缅甸名列139位,居"一带一路"沿线主要国家末位;与它相邻的尼泊尔名列118位,柬埔寨名列110位,老挝名列97位;南亚国家中,孟加拉国名列109位,巴基斯坦名列112位;中亚国家中除了哈萨克斯坦排名较为靠前、名列40位外,吉尔吉斯斯坦名列98位,塔吉克斯坦名列117位,而土库曼斯坦和乌兹别克斯坦由于数据缺失无法排名。而这也恰好说明,这两个国家通信基础设施的滞后。总体看来,南亚、中亚和东南亚部分国家融入网络世界的准备程度普遍较低。

排名最后的缅甸,和国外的信息联通主要依靠原有的海底光缆,网络容量小、速度慢;而国内纵贯南北的通信电路则是故障频发,安全性低;受制于基础设施的限制,缅甸民众很

少使用现代化的通信设施，这里移动电话和互联网都不算普及。基于信息技术的各种应用就更谈不上了。这样一组数字可能更能说明问题：2014年，这里每百人拥有手机49.5部，此前一年，这个数字只有12.8；互联网用户的覆盖面目前只占到总人口的2.1%。

而在土库曼斯坦，上网可以说是一项价格昂贵、速度缓慢的娱乐活动。打开一张网络上的照片需要等待四五分钟；浏览5分钟左右的视频要花上差不多2美元。

"一带一路"沿线，这样的案例并不少见。中国科学院地理科学与资源研究所的王娇娥老师在研究了60多个主要国家的电信基础设施现状后发现，目前中国与缅甸、阿富汗等南亚国家以及土库曼斯坦等中亚国家、西亚地区及独联体地区之间都存在较大的信息鸿沟。

要让"有形"的路畅通，也要让"无形"的路相连。2015年，中国发布了《推动共建丝绸之路经济带和21世纪海上丝绸之路的愿景与行动》，提出：共同推进跨境光缆等通信干线网络建设，提高国际通信互联互通水平，畅通信息丝绸之路。加快推进双边跨境光缆等建设，规划建设洲际海底光缆项目，完善空中（卫星）信息通道，扩大信息交流与合作。

"信息丝绸之路"正在加紧建设。目前，与我国接壤的14个国家中的11个主要国家都与我国开通了跨境光缆。我国还在建设全长1,500公里的中缅穿境光缆，这条大容量传输通道，将在中国与东盟国家之间传输信息和数据。同时，还将缩短中国、日本、韩国等国家与中东、非洲、欧洲的传输距离3,000—4,000公里，降低通信时延，提高传输质量。此外，在"一带一路"沿线，目前还在建设中俄、中巴等跨境光缆，未来还将有多颗通信卫星服务于沿线国家。这些通信基础设施的建设，将大幅度提升国际通信互联互通水平，在空中为沿线人民搭建起一条"丝绸之路"。

夏丹片语

我们的摄制组走在路上，常常会有巴基斯坦的普通百姓上前来要求跟大家合影。而且，后来我们发现，长得越是典型东方人面孔的同事，在合影的时候越受巴基斯坦朋友们欢迎。最极致的案例是我们采访的一位来自中国的企业女高管。她平时经常穿着巴基斯坦的民族服装——巴袍。因此不管她走到哪里，只要被人发现漂亮的巴袍下藏着的是一张中国面孔，都会被热情的老巴走上前要求合影。中巴友谊的根深蒂固在这一张张合影里得到充分有力的证明。

（丁雅妮、王戈）

| 第 2 章 |

奔跑的包裹

这条路上的生意，人们已经做了两千年，从公元 1 世纪开始，驼峰间，马背上，商贾们的包裹里装着对异域物产和陌生国度的想象。

两千年后，"一带一路"沿线国家货物往来数以万亿计。乘风破浪的巨轮，呼啸驰过的列车，以前所未有的速度与力度将 40 多亿人口紧密连接在一起。

2014 年，中国与"一带一路"沿线各国的货物进出口总值超过 7 万亿人民币，占中国这个全球货物贸易第一大国外贸总额的 1/4。每年，数千万件包裹川流不息地在"一带一路"沿线各国之间奔跑。从中国沿海到地中海的海路上，每年运送集装箱超过 1,300 万箱，已然成为全球海运最繁忙的航线之一。

这些奔跑的包裹里面，到底装了些什么呢？

1 个枕头和 5,000 亿美元：中国买什么，世界都关注

1 个枕头：让泰国胶农多赚 3 倍

新加坡，大宗商品期货交易所。

电子交易大屏上闪烁的数字每变动一次，经纪商素猜的神经就紧绷一下——最近一段时间，国际橡胶的期货价格下跌了六成多，每公斤泰国橡胶的报价已经跌破 50 泰铢。

为胶价而神经紧绷的不只是素猜。

泰国，全球最大的橡胶生产国和出口国，每年橡胶的产量超过 400 万吨。整个泰国，有 600 万名胶农的生活与橡胶树——这种分泌白色液体的植物密切相关。

泰国东部，尖竹汶府。

胶农裕帕穿着胶鞋，带着割胶刀，头顶月光，走进树林。这是连续几日阴雨后难得的一个晴天，裕

» 泰国尖竹汶府橡胶林。裕帕已经在丛林里干了 25 年

帕打算趁着今晚天气好，割上 100 棵橡胶树。

"晚上割出来的胶汁比白天多。晚上七八点开始割胶，干上 6 个小时，然后回去休息一两个小时，天亮再回来收胶。"

要整整一夜，橡胶液才能滴满一碗。这样的活儿，裕帕已经在丛林里干了 25 年。裕帕今年已经 50 多了，她唯一的愿望就是在自己还能干得动的时候多割上一些胶，多赚一点钱，可以安度晚年。

除了天气和年份，天然橡胶产业还会受到许多其他因素的影响。2015 年，国际经济复苏缓慢，大宗商品市场价格低迷，原胶价格从原来的每公斤 120 泰铢跌到每公斤 50 泰铢左右，这也倒逼泰国越来越多的工厂转向天然橡胶深加工领域，比如生产乳胶枕、高档运动鞋甚至安全套等高附加值产品。

» 要整整一夜，橡胶汁液才能滴满一碗

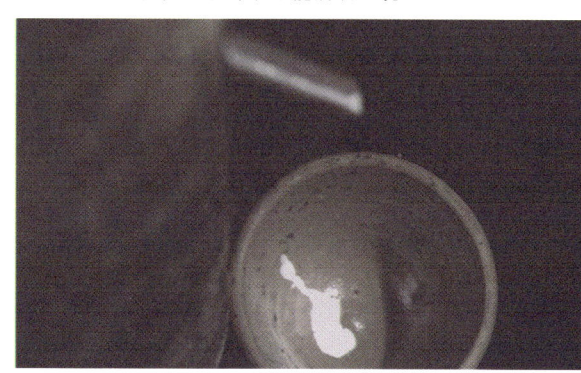

» 一个乳胶枕在中国售价为 600 多元人民币

温塔，虽已年逾古稀，但目光炯炯。他在距离尖竹汶府 245 公里的首都曼谷经营着一家乳胶工厂。最近工厂里一片忙碌，因为来自中国的订单接连不断。

"现在，出口不景气，我们把原胶做成乳胶枕头，能让原胶的收购价稳定在 180 泰铢到 200 泰铢一公斤，这是出口价格的 3—4 倍，这对靠种植橡胶树为生的胶农是非常有利的。"温塔说，一个纯正的天然乳胶枕头在中国的售价可以达到 600 多人民币，利润称得上丰厚。以前出口中国的订单不多，主要是关税比较高。现在按照中国—东盟自贸区协定，中泰之间实现了零关税，这为泰国商品进入中国这个巨大的消费市场铺平了道路。

年纪毕竟大了，温塔打算将生意一点一点交给儿子那他帕，并希望工厂在他手上可以逐步扩大生产规模。年轻的那他帕也不负众望，充分发挥自己在互联网方面的专长，接手不久就开辟了跨境电商的新渠

» 橡胶工厂两代人经理温塔和那他帕

道,为工厂赢得了许多新订单。现在,几乎每月都有一批货物发往中国。

5,000 亿美元:中国市场的新选择

距离泰国曼谷 3,500 公里,中国杭州,电商之城。

杭州的滨江新城面积 37.7 平方公里,在这里,聚集了阿里巴巴、网易等数十家互联网企业。园区里的星巴克常常挤满年轻的面孔,一大群 90 后甚至是 00 后正在排队打包咖啡和三明治。中国每年超过 16 万亿的电子商务市场,主要就是由这样一群朝气蓬勃的年轻人打理运营的。

Crystal,一名时尚干练的职业女性,已经在中国最大的电商企业工作了近 10 年。他们曾经做过一次调研,结果发现,优质食品、婴幼儿用品、化妆品以及高档服饰是中国网络购物最受欢迎的进口品类。但是令人遗憾的是,这些最受欢迎的商品主要来自美国、日本、澳大利亚以及欧洲的一些发达国家,而产自"一带一路"沿线国家的商品却很少。

现在,这种情况正在悄然发生变化。

在中国社会科学院高大宽敞的社科会堂里,亚洲太平洋研究所赵江林研究员为我们展示了她的研究成果。为了分析国际贸易的结构变化,她花费数年时间建立了一套指标体系,结果发现,2012 年,中国从亚太地区进口的消费品占比为 5.3%,这比 2000 年提高了 4 个百分点左右。而据联合国的一项统计,泰国是"一带一路"沿线国家对中国出口消费品占比最高的国家,消费品占其出口总额的百分比已经超过 30%。[*]

中国买什么,世界都关注。"一带一路"沿线 60 多个国家,还有哪些商品最受中国消费者的欢迎呢?大数据公司亿赞普对中国网民的网络购物行为进行了一次调查,结果显示:西亚的手工挂毯、中亚的奶酪、东南亚的服装和鞋子,占据了中国网民网络购物单的前 3 位。

买!买!买!

对于全世界的网购者来说,人生的快乐又多了一种——收快递,而在中国,享受这一乐趣的人数是 3.6 亿。

2014 年,中国人收到的快递邮

---

[*] 王金波《"一带一路"建设与东盟地区的自由贸易区安排》,社会科学文献出版社,2015 年。

» 西亚的手工挂毯、中亚的奶酪、东南亚的服装和鞋子,位列中国网友购物单前3位

件数量超过了140亿个。

2014年,中国从"一带一路"沿线进口货物的总额突破5,000亿美元。随着中国经济体量的增长和消费的逐步升级,中国还将从其他国家和地区进口更多商品,这必将为"一带一路"沿线各国创造更多机会。

夏丹片语

泰国尖竹汶府的这片乳胶林,距离曼谷有4个小时的车程。那里没有椰风海浪,也没有熙来攘往的游客,是泰国东部山林中不为人知的小村落。淳朴的农民在这里偏安一隅,信奉佛教,辛苦而知足地度过每一天。这里虽然不缺异国风情,但熟悉的东西更让我倍感亲切,一花一草,一猫一狗都与中国静谧的农村有着太多相似的地方。而这么平和宁静的所在,连蝴蝶和蜻蜓看到人们靠近,都懒得扇动一下翅膀。

10,000 亿美元和 14.6%：中国带给"一带一路"什么

1/4：分享世界货物贸易第一大国的蛋糕

就在泰国枕头等待入关的时候，数以千万计的包裹正从中国出发，运往"一带一路"沿线国家。

2014 年，中国出口到"一带一路"沿线国家的商品价值超过 6,000 亿美元，加上中国从沿线国家进口的商品 5,000 多亿美元，中国与"一带一路"沿线国家的贸易总额已突破 10,000 亿美元，约占中国进出口总额的 1/4。

在这 10,000 亿美元货物中，既包括中国出口的 6 万台工程机械、7,000 万部手机以及 1 亿条花色各异的连衣裙，也包括进口到中国的 14 亿桶原油、3,000 万瓶橄榄油以及无法准确计数的婴儿奶粉与纸尿裤。

如此之多的货物如何运送？

从世界进入大航海时代开始，国际贸易中最主要的物流方式就是海运。但一直要到公元 10 世纪，这个古老国家的经济重心南移到长三角和珠三角之后，海运才真正进入中国商人的视野。*

宋元年间，满载着丝绸、陶瓷与茶叶的船队由中国东南沿海的港口出发，运往西亚与欧洲，而西域的香料、毛织品等物产又沿海路运到中国。至此，东西方贸易的海上通道逐渐成形。到了明代，郑和远下西洋的船队已经称得上世界规模第一，200 条制造牢固、装备精良的海船上不仅有大副、水手，还包

» 上海国家航海博物馆古船模型

---

* 陆集源《宋元时期潮州的海运贸易》，http://cstc.lib.stu.edu.cn/chaoshanzixun/lishiwenhua/7117.html。

» 屏幕上每一个光点就是一艘大型货船的 GPS 轨迹

括医生、翻译等十几个工种，船员总数更是多达 27,800 名。

14.6%：全球最热门航线的逆势增长

600 多年后，蓝色星球表面的船只已经多如繁星，现代通信技术可以对其进行准确定位。数据显示，四大洋上的货船数量如今已经增加到 30 万艘，承载着全球贸易量的 80%。

如果将每一艘船的 GPS 轨迹在地图上描绘出来，我们不仅可以清楚看出船的位置、航速，根据不同船型停靠的港口和航线还能获悉国际贸易的最新动向。

中国港口网，隶属于一家专门从事软件开发和信息服务的电子企业，和其他 IT 企业喜欢扎堆北京中关村或者大城市科技园区不同，它静静地坐落在烟台海滨的一栋高层小楼里。如果不是走进它巨大的机房，你很难想象，在它的数据库里，就隐藏着破解全球海运秘密的钥匙。

"你在屏幕上所看到的每一个光点就是一艘大型货船的 GPS 轨迹，每 5 秒钟，数据就会自动更新一次……"

尽管还不到 40 岁，但刘飞龙已经是一名资深的数据专家，他所在的中国港口网为全球60,000多企业用户提供航运数据服务。依托800多个港口自建基站和国际海事机构的合作，他们甚至可以实时追踪一个上周从吉隆坡发出的货柜现在运送到了哪里。但现在，摆在他面前的难题前所未有。他和他的团队要在一个月的时间内，从30万条航船过去一年的航行轨迹中，筛选出途经"一带一路"沿线国家的航船的数量。尽管已有心理准备，但获得的数据总量仍然令所有小组成员大吃一惊。

120亿行！

数据分析员们调用了6台分布式PC机对这些数据进行了处理，累计运行1,400个小时之后，页面弹出这样一个数据：14.6%。在过去的一年里，途经"一带一路"沿线主要国家的货船数量增加了14.6%，而根据国际航运组织的统计，2014年全球航运总量仅增加了3.8%。

当程序员将这条全球货运增长最快的航线在地图上标注出来的时候，我们发现，这与当年那条从中国出发，经马六甲、印度洋、苏伊士运河到地中海的古航线重合度非常高，只不过在经过几个世纪的沉寂之后，它有了一个新名字——21世纪海上丝绸之路。

现在，"海上丝绸之路"每年光是运送的集装箱数量就超过1,300

» 海运轨迹特效

万个，已经成为全球海运最繁忙也是最重要的航线之一。

5秒钟：1个集装箱从青岛港发往"一带一路"

有货才有船，有船才有港。要观察国际贸易的走向与变化，港口无疑是一个最佳观察点。

青岛港，位于黄海之滨，太平洋西海岸的天然良港。

但要拿下全球最大集装箱码头的闪光名片，光靠地理位置的优势是远远不够的。百年航运史的积淀，屡屡自我刷新的装卸效率世界纪录，都使青岛港成为"21世纪海上丝绸之路"上一个强有力的支点。

李靖奎已经在青岛港干了23

» 屡屡自我刷新的装卸效率世界纪录，让青岛港成为"21世纪海上丝绸之路"的重要支点

年，现在，他负责青岛港整个前湾集装箱码头的生产与计划。这个世界上最大的集装箱码头上每一条船到达的时间、停靠的泊位，以及装卸的进展，李靖奎一清二楚。

"集装箱船越来越大，过去10,000箱已经很了不起了，但是现在，18,000箱，甚至19,000箱的大型集装箱船都很常见。"

船型越大，分摊到每一个集装箱上的实际成本越低，这是航运界对冲目前世界经济形势低迷的一种手段。位于伦敦圣玛丽娅斧头街38号的波罗的海航交所每天发布一次指数，被国际海运界视为最重要的经济晴雨表。码头上靠港船只的多少，国际运价的高低，甚至每个码头工人的薪水，都和这些跳动的数字有关。

在过去一年里，波罗的海干散货指数一直徘徊在1,000点左右，这比金融危机前几乎跌去了九成。但是，马士基等国际航运公司却逆势而动，将马力更强、吨位更大的新型集装箱船投入到中国市场。

事实证明，巨头们眼光老到，扩大在华运力绝非是靠运气押赌注那么简单。

最近一年，青岛港与"一带一

» 青岛港凭借自身雄厚的综合实力，全面开启大船经济时代

路"沿线新开航线 22 条，船的班期密度同比大增。2015 年前 7 个月，青岛港与东南亚、中东和西亚的进出口重箱达到近百万标准箱，同比增长 10%。现在，"一带一路"沿线国家的货物占到了青岛港吞吐总量的 70%。过去，发往缅甸、越南等的货船每周一班，现在几乎每天一班。

在青岛港的码头上，高峰时有 4 条 10,000 箱以上的大型货船同时靠港，青岛港高效装卸的优势正好派上用场。在作业高峰期，一昼夜的工夫，工人们要装运 52,000 个集装箱，这意味着，一分钟之内要把 13 个集装箱从 80 米外的码头货场吊运进船舱，平均不到每 5 秒钟就有一个货柜整装待发，去往"一带一路"沿线。

目前，青岛港与 180 多个国家及地区的 700 多个港口建立了贸易联系，其中，"一带一路"沿线的

» 在青岛港，平均不到每 5 秒钟，就有一个货柜整装待发，去往"一带一路"

» 目前，青岛港与180多个国家及地区的700多个港口建立了贸易联系

巴基斯坦瓜达尔港、柬埔寨西哈努克港以及缅甸皎漂港甚至成为青岛港的"友好港"和"共建港"。

2014年3月，世界贸易组织秘书处宣布，中国成为全球货物贸易第一大国。4.16万亿美元的进出口总额，约占全球贸易的12%。目前，中国已经成为120多个国家的第一大贸易伙伴，其中，俄罗斯、新加坡、缅甸、蒙古国、越南、土库曼斯坦、黎巴嫩等国家都地处"一带一路"沿线。

未来10年，中国和沿线国家的双向贸易额有望突破2.5万亿美元，还有更多的包裹将上路出发，中国青岛港创下的集装箱装卸速度世界纪录，看来还有再次刷新的可能。

夏丹片语

回到我事业起步的地方——上海，却只有一天时间停留。上午在东华大学拍摄来中国学习纺织技术的外国留学生，下午转战到航海博物馆拍摄古代商船，晚上就要飞东莞了。匆忙的行程让我与异国面孔和千年古船擦肩而过。何时我也成了时间的过客，而这城市的那头，可是我曾经温暖的窝。

13,050 公里：
世界最长的货运班列

英国学者艾兹赫德在他的著作《世界历史中的中国》中给出过这样一种观察："在摩洛哥到药杀水（如今中亚的锡尔河）之间的地区，骆驼已经代替马车成为最便宜、最高效的交通工具。"*

骡马自身草料消耗大，只要30天，它们就能把自身能装负的草料全部吃光。与骡马相比，骆驼在远程运输方面有着得天独厚的优势——不光驮运货物比骡马多，而且它们的消耗比骡马更少。因此，骆驼在长途运输方面具有更高的经济性。

一千多年后的今天，"义新欧"国际班列要扮演的角色就是丝路上的"新驼队"。

亚欧之间每年货物往来数以亿吨计，但通过陆路运输的货物只占到物流总量的5%。嗅觉敏锐的物

---

* 徐菁菁《更西，在丝路上触碰中亚文明》，《三联生活周刊》2015年第24期。

» 丝路驼队

» "义新欧"班列穿行在亚欧大陆，全长 13,050 公里

流商早就意识到，一条贯穿 40 多个国家、涵盖 30 多亿人口的铁路班列会释放出多大的市场潜能。历经 5 年的摸索探路、艰难协调，终于在 2014 年 11 月 18 日，这种想象真正变为了现实——"义新欧"班列正式开通。

"义新欧"班列的起点是中国义乌，经新疆阿拉山口口岸出境，途经哈萨克斯坦、俄罗斯、白俄罗斯、波兰、德国、法国，终点是西班牙马德里，全长 13,050 公里。"义新欧"班列是目前世界上开行距离最长的国际货运班列。火车从中国出发，装载着玩具、服饰、家居用品等大小包裹一路向西，穿过城市和乡村，也穿越草原、沙漠与戈壁。

中国义乌，国际商贸城。

第一次走进这个全球最大的小商品集散中心的人几乎都会有一种迷失感。它的营业面积达到 550 万平方米，差不多相当于 20 个鸟巢体育场的大小，光是进入商城的入口就有 38 个。每天早上一开门，20 多万不同肤色、不同国籍的商人们就涌到这里，操着不同的语言谈起生意，直到夜幕降临。中国义乌国际商贸城一天成交的货物价值平均超过了 2 亿元人民币。

如何快捷而又便宜地把货物运抵客户手中，是古今中外商人们的终极课题。对于在中国做了 7 年生意的西班牙商人卡洛斯来说，"义新欧"班列现在是一个不错的新选择。

"原来从义乌发货到马德里，走海运要30天左右。如果天气不好遇上风浪，时间还要长一些，现在'义新欧'走陆路，20天左右就能到，货物在路上的时间比海运节省了1/3，而运费只有航空的1/5。"

尽管离圣诞节还有几个月的时间，但欧洲的零售商们已经开始为圣诞节的购物狂欢备货。卡洛斯说，在西班牙，现在有这样一个说法——圣诞老人钻进烟囱前，先要去趟中国。这句话的意思是，用作圣诞礼物的商品主要来自中国。据卡洛斯估计，大概80%产自中国。

» 西班牙商人卡洛斯在选购圣诞商品

但是，圣诞礼物的西行之路并非一路畅通。

在横跨亚欧大陆的万里旅途中，"义新欧"班列要经过哈萨克斯坦、俄罗斯、白俄罗斯、波兰、德国、法国，最终到达西班牙。按照惯例，班列途经的各国路段均由

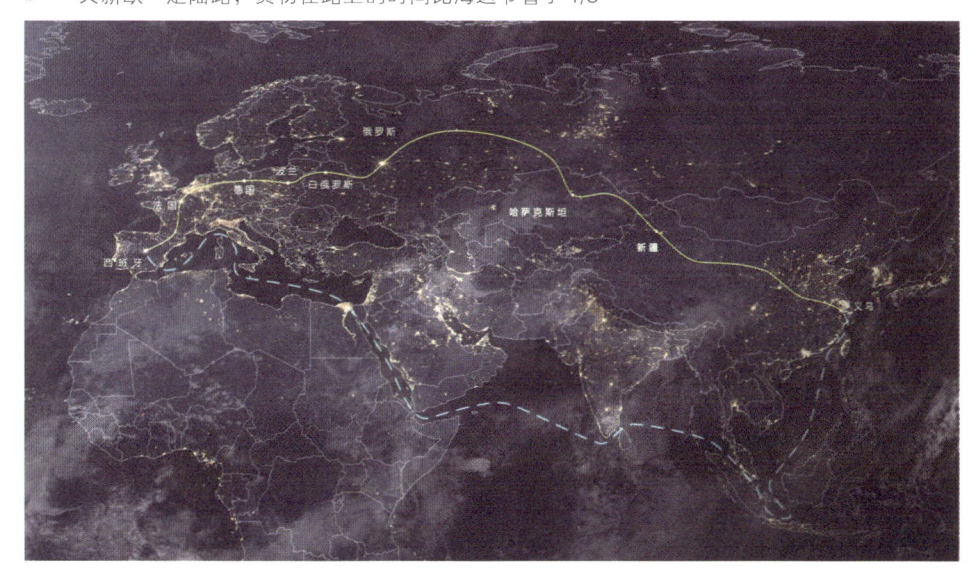

» "义新欧"走陆路，货物在路上的时间比海运节省了1/3

» "义新欧"班列德国司机 Mueller 正驾驶火车行进在德国法兰克福—杜伊斯堡之间

所在国司机开行,如果算上中国境内上海、郑州、西安、乌鲁木齐等不同铁路局,先后有超过 10 名火车司机接力完成"义新欧"班列的运行。

» 中国—哈萨克斯坦交界的阿拉山口换轨站

不只换司机,还要换轨。因为铁轨宽度不同,火车到达欧洲要在哈萨克斯坦、波兰,以及法国与西班牙交界处换 3 次轨。换轨实际上是换车,就是用塔吊将集装箱吊装到另外一列火车上。现在,这成为亚欧铁路上几乎每天都要上演的独特一幕。一般一列载有 50 个集装箱的列车换轨一次需耗时 1 个多小时。

在整个旅途中,换轨其实还算不上最需要耐心的环节。"义新欧"班列的 50 个集装箱装载着产自中

» 换轨实际是换车

国的上万种小商品，一个集装箱里上千个包裹，光货物清单就要几十页甚至上百页。按照国际惯例，过境列车一般无须开箱，但在沿线一些国家，海关仍有可能叫停火车，进行查验，花费的时间从几个小时到几天不等，有时甚至要视边检官员的心情而定。

西行的列车，其实应该而且可以开得更快一些。

» 海关通关文件多达几十页、上百页

夏丹片语　　当你坐在北京的街角，打开一瓶西班牙红酒，品尝伊比利亚半岛火腿的风味。你不会知道，把这些异国珍馐换到中国来的，是六七月间从义乌出发的圣诞节礼物。圣诞节虽然还很远，但是义乌的西班牙商人们早早动身，在横贯欧亚大陆的铁道线上预订好属于自己的那个车皮。

619 项：
贸易壁垒何时能打破？

互通有无本是贸易的原动力，但自由贸易却并非畅行所有经济体的通行证。

目前，全世界各种形式的贸易区超过 400 个，然而，其中成员最多、规模最大的世界贸易组织的报告却显示，全球贸易保护主义正在抬头。

瑞士日内瓦，莱蒙湖畔。

2014 年 2 月 17 日，世界贸易组织总干事罗伯托·阿泽维多发表了上任后的第一份全球贸易监测报告。在过去一年里，世界贸易组织监测到 407 项新的贸易限制措施，比上一年增加了 99 项，这将影响全球商品进口贸易的 1.3%，价值约 2,400 亿美元。

"一带一路"沿线也不例外。

在中国商务部贸易救济调查局的办公室里，工作人员攥着一沓表格，透露了这样一个数字：

截至 2015 年 7 月 3 日，不算中国在内，"一带一路"沿线 60 多个国家共通报技术性贸易壁垒措施 619 项，其中，俄罗斯占比 4%，

» 技术性贸易壁垒越来越成为国际贸易的绊脚石

100 位内的国家（地区）

国家	排名	国家	排名	国家	排名
新加坡	1	斯洛文尼亚	53	匈牙利	72
爱沙尼亚	6	约旦	54	越南	75
阿联酋	8	保加利亚	57	马其顿	85
马来西亚	11	捷克	58	克罗地亚	86
以色列	12	阿曼	60	土耳其	90
立陶宛	21	卡塔尔	61	沙特阿拉伯	92
拉脱维亚	28	印度尼西亚	62	东帝汶	94
格鲁吉亚	33	巴林	64	阿尔巴尼亚	95
泰国	36	菲律宾	65	塞尔维亚	96
波兰	41	罗马尼亚	65	黎巴嫩	97
文莱	46	斯里兰卡	69	中国	98
黑山	52	斯洛伐克	71	埃及	99

101—200 位的国家（地区）

国家	排名	国家	排名	国家	排名
缅甸	103	孟加拉国	140	阿塞拜疆	166
波黑	104	白俄罗斯	145	尼泊尔	171
巴基斯坦	108	叙利亚	146	蒙古国	173
亚美尼亚	110	伊朗	148	伊拉克	178
科威特	117	摩尔多瓦	152	吉尔吉斯斯坦	183
柬埔寨	124	乌克兰	154	阿富汗	184
印度	126	俄罗斯	155	哈萨克斯坦	185
马尔代夫	132	老挝	156	塔吉克斯坦	188
也门	134	不丹	165	乌兹别克斯坦	189

» "一带一路"沿线部分国家（地区）通关效率在全球的排名

东亚11国占比11%，西亚、北非等16国实施的措施最多，占了80%。从涉及的领域看，食品及相关产品是第一目标，其次是环保、保健安全、家用及商用设备、文娱、体育等产品，而"一带一路"沿线的土库曼斯坦、乌兹别克斯坦等中亚国家目前尚未加入世界贸易组织。

除此之外，进出口效率也正掣肘"一带一路"贸易提速。

2015年，世界银行对全球近200个国家和地区的货物通关时间、通关所需文件数量以及通关平均费用等6项指标做了统计。统计结果显示：新加坡进口一个集装箱只需4天，周转费用只需44美元，综合得分世界第1位。但是，"一带一路"沿线国家中其他几个贸易大国排名并不乐观。其中，中国综合排名第98位，印度排名第126位，俄罗斯排名第155位。"一带一路"沿线国家平均通关效率明显低于发达经济体平均水平。*

现在，针对通关便利化的国际合作正在展开。

2015年6月，中国重庆。

波兰、罗马尼亚、俄罗斯等13个国家的质检部门在农产品出口、质检报告互认等领域签订协议。沿线各国海关也在数据共享与交换方面展开合作。**

不同国家之间的贸易旅程，从来就并非通途。

公元97年，汉朝西域都护班超派手下甘英出使西域大秦（古罗马）。甘英从新疆出发，经天山、帕米尔、兴都库什山、卡拉库姆沙漠，历经冰川冻土，雪山高原，用了两年多时间终于到达西亚，虽然最后止步于波斯湾岸边，却第一次表达了东方国家与外部世界交往的强烈意愿。

现在，正是为同样的愿景所鼓舞，越来越多的国家，越来越多的人，围拢过来，坐在一起。他们希望借由一笔笔生意、一件件货物，交换彼此的劳动，使各自的愿望得到满足。

愿伸出来的手能够相握，让更多的包裹早日送达。

---

* World Bank Doing Business 2015。
** http://www.oborciq.org/about.htm，"一带一路"检验检疫信息合作网。

夏丹片语　　陆路、海路——两条丝绸之路连通了东西方两种截然不同的文明。两千年里，路断了又通，门关上又打开。如今，我枕在异国的枕头上，做着中国的梦。你在圣诞节的床头，静静地等待袜子里的惊喜。

（吴勇军）

| 第 3 章 |

人在路上

"世界那么大，我想去看看。"这句话如果放在"一带一路"沿线国家，应该是再贴切不过了。60多个国家，44亿人口，放眼全球，应该没有哪个区域聚集着这么多的人，汇集了如此多的旅游资源和文化遗产。那么，就让我们把目光转向"一带一路"沿线的人，一起来了解下，在这个跨越了东西方四大文明的区域里，人员是如何熙来攘往的？人来人往间，给沿线各国带来了哪些新市场、新机遇和新体验？而"一带一路"重大倡议的提出，又将为这一区域注入怎样的活力？"一带一路"，随时走起，真的不再遥远吗？

150万公里和8.7万人："一带一路"飞行路线图

150万公里！到底有多远？如果简单地换算下，就是在地球与月球间往返两次的距离。那么，这个数字对于"一带一路"来说，意味着什么？150万公里是我国和"一带一路"沿线国家已经开通的客运航线总里程。

截至2014年，我国与"一带一路"沿线35个国家、89个城市开通了432条国际客运航线。占中国国际运输联系的一半以上（51.5%）。

如此密集的航线中，不同区域的联系程度也是不同的。在"一带一路"沿线各国中，我国与东南亚的客运航班往来最密切——432条航线中有六成（274条）以上在东南亚地区，这些航线的可售座位数达到2,864万个，占我国对外航空运输量的70%左右。也就是说，从中国坐飞机出国，10个人中有7个飞到东南亚地区。就算是在东南亚区域，人员往来的密集程度仍然有

» 首都机场航站楼内客流如织

所不同。航班密度最高的当属泰国，目前中国共有 36 个城市开通了往返泰国曼谷的航班，每年有 42,765 个航班，平均每天大约有 117 个航班。过去的几个月里，每 4 个到泰国的游客中就有 1 个来自中国。交往多了，感情深了，心与心才能贴得更近。

除了东南亚，我国和蒙古国、俄罗斯、西亚、中东、南亚地区的航空客运联系也比较紧密，这些区域的国际航线、航班、可售座位数占比都保持在 5%—15%；而航空客运联系最少的是中亚和中东欧地区，占比不到 4%。

在由数据库里的数万架航班信息绘制而成的"一带一路"飞行路线图上，2015 年每天究竟有多少人来来往往呢？8.7 万人！如果是能坐 400 人的波音 747 飞机，可以装满 217 架。而 2014 年每天在中国和"一带一路"沿线国家往来的人数是 6.9 万。从这一数字的变化也足以看出，随着"一带一路"倡议的逐步落地，沿线国家人员往来越来越频繁。

看到这里，人们不禁要问——这些数据从何而来？权威吗？准确吗？其实，构成这张航线图的数据来源于 OAG 系统，也就是世界首

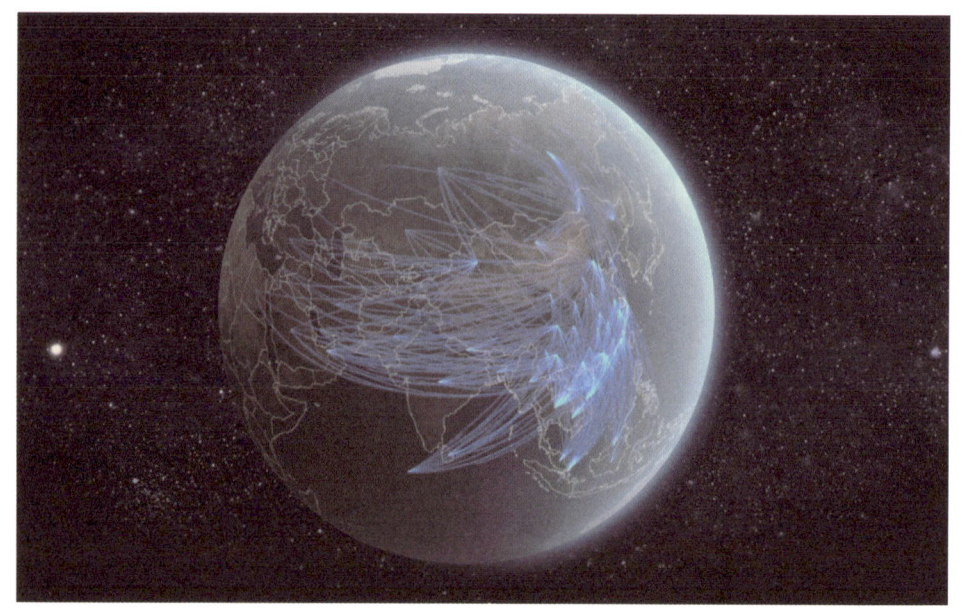

» 中国与"一带一路"沿线各国客运航线图

屈一指的航空资讯机构,这个庞大的数据系统几乎涵盖了全球所有航空公司、机场和航班的信息,航班资料每10秒钟会更新一次,每月更新99.6%的航班时刻表。

中国科学院地理科学与资源研究所的王娇娥老师帮助我们对全球900多家航空公司、3,500个机场和每天80,000多架次航班的飞行数据进行整理,绘制出了这样一张中国与"一带一路"的飞行路线图。

这张飞行路线图上,每条航线、每个航班、每天都在上演着不同的故事。在河南新郑国际机场,我们就遇到了一个名叫常浩的飞行达人。他手机里的一款软件记录了他过去一年的飞行轨迹:总里程将近17万公里,相当于绕了地球4.2圈。去过的国家有多少呢?40个,而且大部分都在"一带一路"沿线。常浩是全球最大的客车生产企业的海外营销副总,从2014年开始,他多了一个新头衔——"一带一路"项目组负责人。常浩说,把中国造的客车卖到世界的每个角落,一直是他和同事们的梦想。随着"一带一路"倡议的提出,企业也把海外布局的重点转向了沿线国家:到巴基斯坦和当地政府谈城市交通规划;在印度尼西亚研究新建工厂；去哈萨克斯坦拜访当地"光明之路"计划的执行部门；和柬埔寨谈合作建厂；帮缅甸培训售后服务人员……常浩一边娴熟地办理登机手续，一边数着过去一个月来那些密密麻麻的行程。

"在缅甸市场，我们干掉了韩国和日本的二手车，现在满大街跑的都是咱们中国造的客车。"说到这里，常浩激动起来。他告诉我们，前几年，缅甸的公交车和长途客车几乎都是从日本和韩国进口的二手车改造的，车辆非常简陋，安全性、服务保障都跟不上，舒适性更谈不上。了解到这些情况后，他们前前后后去了几十趟缅甸，实地考察市场需求，进行道路压力测试，甚至还和相关部门一起规划当地的交通。

处处为客户着想的诚意，再加上质量过硬的产品，缅甸市场的大门终于向中国客车敞开了。更让常浩骄傲的是，去年他们还在缅甸建立了客车组装厂，实现了本土化生产，解决了当地200多人的就业。"中国品牌不能只为了出口而出口，更重要的是中国技术标准的出口，是中国优质品牌的出口，是中国形象的出口。"常浩认真地说。目前，常浩他们的客车已经卖到了沿线45个国家，在俄罗斯、哈萨克斯坦等中亚国家的占有率甚至达到了30%。

说到"一带一路"倡议提出后这两年发生的变化，常浩最大的感触是：旅途越变越短，朋友越交越多。以前他去斯里兰卡出差，那可真是出远门。郑州—广州—新加

» 出口到"一带一路"沿线45个国家的宇通客车

» 缅甸街头跑着中国制造的汽车

坡—泰国—斯里兰卡，至少要转三次机，花上一整天的时间。可现在的路线就简单很多：郑州—北京—斯里兰卡，或者是郑州—昆明—斯里兰卡，无论怎么选择，都不会超过半天的时间。

熙来攘往间，常浩还交到了很多不同肤色、不同民族的朋友。常浩说，在"一带一路"沿线行走的人生里，一直不缺少朋友，更不缺少机会。

夏丹片语　　行走在"一带一路"沿线国家，作为一个桂林人，泰国的美食最得我心。当我饿了，会在心中默念那句台词："在泰语里，冬阴是酸辣的意思，功是虾的意思，冬阴功汤就是酸辣虾汤。"不要太辣，因为我不喝冰水。虾可以多，还要多加柠檬、香茅草，少放泰椒啊！大爱涵哥那种酸爽的味道。

2,500万人次：
大美丝路最心仪的地方在哪里

在对全球89个国家和地区、近10亿网民的网上轨迹进行搜索后，亿赞普大数据发现，穿梭于"一带一路"沿线的人员中，商务往来的热度是60，排名第2位，那么排在第1位的是什么呢？是观光休闲，也就是旅游。

顾青，一个80后女孩，就职于北京一家外企。最近一段时间，顾青每天下班后都要做一件事情——上网搜集整理有关斯里兰卡的旅游攻略。从5年前开始，这个80后女孩就开始选择去国外旅游的方式来度过每年的年假。与很多人喜欢跟团出游不同，顾青更喜欢自由行，带着一种放松的心情，边走边看，用心去感受异国他乡的风土人情。几年下来，顾青的脚步已经踏遍了周边的柬埔寨、老挝、泰国等，她对曾经到过的国家，吃住行

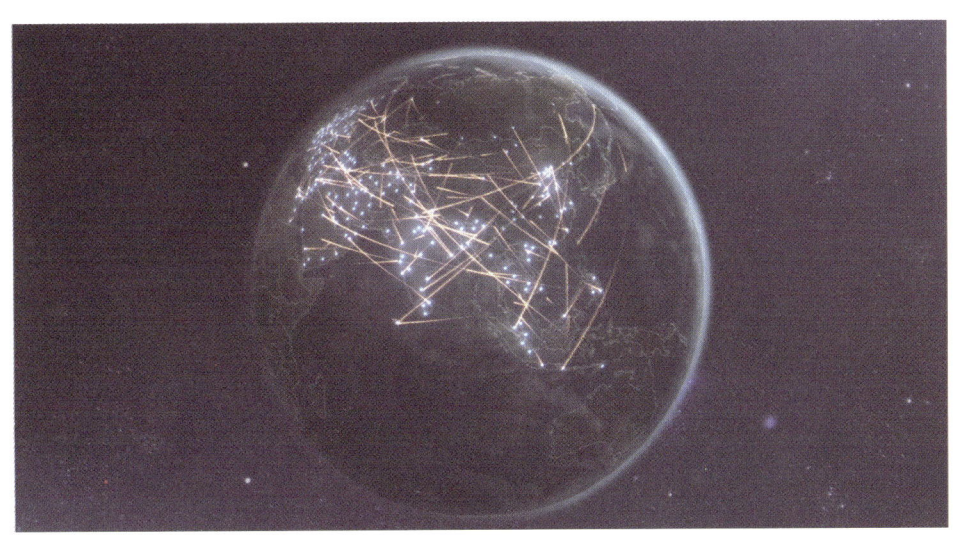

» "一带一路"沿线的世界文化遗产和穿梭如织的人流

游,个个如数家珍。其实,顾青只是爱上出境游的千千万万国人中最普通的一员。

2,500万人次!这是2014年中国与"一带一路"沿线国家的双向旅游交流的人数。这个数字相当于马来西亚全年的入境游客数,如果做一个排名的话,能够进入全球前10位。

2014年,中国赴"一带一路"沿线各国的旅游人数超过1,400万人次。那么,你知道最受国人青睐的"一带一路"沿线出境游目的地有哪些吗?相关统计显示,2014年列在前5位的分别是泰国、越南、新加坡、印度尼西亚和马尔代夫。其中前往泰国、越南和新加坡的中国游客都超过了百万人次。

以排在首位的泰国为例,这几年,中国公民到泰国的出境游市场经历了爆发式的成长:从2011年的117万人次到2014年的530万人次,3年的时间完成了400万人次的增长。作为我国最早的出境游目的地国,泰国对于中国游客来说,再熟悉不过。从出境游起步阶段的新马泰旅游,到之后中国电影《泰囧》的推波助澜,越来越多的泰国景点为中国民众所熟知。2013年之前还鲜有中国游客踏足的地方,如春武里、湄丰颂、达叻府、素叻他尼、班武里等泰国目的地开始受到青睐。

泰国国家旅游局近日公布的一项评选结果显示:最受中国游客欢迎的泰国旅游目的地分别是曼谷、

» 欧阳夏丹在泰国人皇宫

» 泰国大皇宫

普吉岛、春武里；中国游客在泰国旅游最喜欢做的事情是品尝泰国食物、泡沙滩、参观历史景观、学习烹饪泰国菜、养生旅游、按摩美容和深水潜水；在中国游客最喜爱的泰国特产水果中，"水果之王"榴梿排名第一。

不难发现，中国游客热衷的"泰国游"，已经从单纯的海岛休闲度假、购物为主，逐渐演变为更加细化的主题旅游，旅游兴趣呈现多元化走向，比如蜜月、温泉水疗、美食，人们甚至逐渐开始接受如医疗旅游、潜水、高尔夫、海钓、远足这样的主题旅游项目。新兴旅游项目的开发，让这个"老牌"的旅游度假目的地焕发出新的生机。

此外，前面我们也提到过，中国到泰国各地之间的航班亦相当密集，这为人们的出行带来了极大的便利。除了泰国曼谷外，像中国上海到泰国清迈每周10个航班，中国杭州到泰国清迈每天都有1个航班，甚至中国上海到泰国甲米每周也有5个航班。不仅如此，每年至少有500架包机从中国华东地区各主要城市起航,飞赴这个佛教之国。

穿梭如织的游客带来的是巨大的旅游消费。2014年,中国游客平均每天在泰旅游消费5,200泰铢,约合1,040元人民币,全年带给泰国的旅游收入高达1,908.29亿泰铢,约合381亿元人民币。

与此同时,随着"一带一路"倡议的提出和逐步落地,中国公民赴泰旅游的热度越来越高。据泰国旅游局预测,2015年将达到640万人次,旅游收入将因此增加47%。

除泰国之外,在中国公民的出境游榜单中,俄罗斯和斯里兰卡表现也十分突出。其中,赴俄罗斯的出境游人数同比增长3倍以上;赴土耳其的游客增长48%;而此前在中国公民出境游中相对冷门的斯里兰卡则上升为热门旅游目的地,2014年同比增长183%,人数超过10,100人次。

在斯里兰卡,数量激增的中国游客正在给这个以旅游业为支柱的国家带来"甜蜜的烦恼"——一方面,蜂拥而至的中国游客,给当地经济的发展注入了新的活力;而另一方面,会中文的导游紧缺,当地旅行社无力接待大量新增的来自中国的旅游团。目前,在斯里兰卡,学中文正

» 身披纱丽的欧阳夏丹在海滩偶遇热情的孟加拉国女子

» 老挝琅勃拉邦

在成为一件有前途的事。来自中国教育部门的信息也同样显示,包括印度和巴基斯坦在内的一些邻国正在成为来华留学生的主要输出国。

对于"一带一路"沿线国家来说,中国也正在成为越来越多人的旅游首选目的地。2014年,沿线各国有超过1,130万人次的游客来华旅游,其中俄罗斯、马来西亚、蒙古国、菲律宾和新加坡是TOP5客源国。2014年俄罗斯来华游客达204.58万人,是唯一来华游客数量超过200万人次的"一带一路"沿线国家。紧随其后的是马来西亚和蒙古国,来华游客数量均超过100万人次。

从"一带一路"来华旅游客源国构成来看,来自亚洲的超过80%,占据了绝对优势。而中东、中东欧等国的游客数量明显较少,这意味着,"一带一路"沿线是中国可重点开发的旅游客源地。

"满眼是风景,处处有故事。"丝路之美举世公认,在这条跨越了东西方四大文明的丝绸之路上,汇聚了世界上最精华的旅游资源,沿线分布着80%的世界文化遗产;涉

» "一带一路"沿线旅游新蓝图

及60多个国家、44亿人口,因而也被视为世界上最具活力和潜力的黄金旅游之路。

让我们一起来看看中国描摹的"一带一路"旅游发展蓝图:目前,中国已制订200多项"一带一路"重点旅游项目;未来5年,"一带一路"沿线国家将迎来1.5亿人次中国游客,旅游消费超过2,000亿美元,这相当于葡萄牙的经济总量;与此同时,还将吸引8,500万人次沿线国家游客来华,带动旅游消费1,100亿美元。

夏丹片语

在首都机场录制出镜,我得知了北京开通直飞布拉格航线的消息。节目开播在即,长假要守在电视台度过了。只能在朋友圈里羡慕别人家的广场和小镇、雕塑和教堂。世界那么大,下次去看看。

20万留学生和5,000名徒弟：学在丝路

20万留学生：来自"一带一路"沿线的文化使者

"国之交在于民相亲，民相亲在于心相通。""一带一路"沿线，人员熙来攘往，相互学习，彼此借鉴。当2,000多万游客流连于沿线的美景、美食的时候，沿线国家的很多青年人为了知识和本领，来到了中国。

2014年，有多少留学生来中国求学呢？共有来自全球203个国家和地区的377,054人，占全球留学生份额的8%。随着来华留学生总人数的不断增长，中国也攀升为世界第三大留学生输入国。

从生源看，亚洲是全球各大洲中来华留学生人数最多的，2014年共有225,490名留学生来中国学习，近10年累计来华学生数超过170万。不过，亚洲来华留学生增速在最近两年连续出现下滑，2014年增速仅为2.58%，是10年来最低水平。

但让人感到振奋的是，随着传统来华留学生源大国韩国、日本等国家来华学习人数增长停滞，进入调整期后，"一带一路"沿线国家异军突起，近20万名留学生，为来华留学市场注入了新的活力。

2014年，来华留学生人数排在前10位的国家中，有6个席位被"一带一路"国家占据。它们分别是：泰国（第三）、俄罗斯（第四）、印度尼西亚（第六）、印度（第七）、巴基斯坦（第八）和哈萨克斯坦（第九）。下面我们就先来梳理一下：

人数最多的国家！21,296人！这是泰国2014年来华留学的总人数，这个数字比2005年增加了近6倍，也让泰国继2013年超越日本之后，连续两年位列来华留学生源第三大国，而泰国也成为了"一带一路"沿线来华留学生源第一大国。从2005年到2014年，泰国来华留学人数10年间始终保持平稳增长，这与中国和泰国一直保持友好的关系直接相关。

人数增长最快的国家！15.1

倍！2014年，哈萨克斯坦来华留学生人数为11,764人，相比2005年，增加了15.1倍，在来华留学生源大国中跨度最大。

最热衷攻读学位的国家！印度。2014年，印度来华留学生人数为13,578人，相比2005年增加4.2倍，位列来华留学生源国第七。印度来华留学生基本以攻读医学、工程类专业为主，这是南亚国家的典型特征。

其实，和发达国家学生热衷于学习汉语不同，来自"一带一路"沿线国家的学生更青睐学历教育。在亚洲，除日本和韩国外，相对于其他国家，中国在教育资源、教育水平等方面具有较大的优势。从留学成本分析，相对于留学欧美国家，留学中国花费要少许多，这也是很多国家学生来华攻读学位课程的重要原因。在对2,000名留学生的申请样本分析后发现，医学、工程、经济类专业是日韩以外的亚洲国家来华留学生青睐的热门专业，占比超过70%。

公派留学生比例最高的国家！巴基斯坦！2014年，巴基斯坦来华留学生人数为13,360人，在来华留学生源国中排名第八，来华学习人数比2005年增加7.1倍。我国每

» 央视《数说命运共同体》拍摄团队和东华大学的中外学生合影

» 欧阳夏丹和"一带一路"沿线留学生在一起

年向巴基斯坦提供600—700个奖学金名额,以资助巴基斯坦学生来华学习,因此巴基斯坦来华留学生公派比例较高,这是和其他生源国区别较大之处。

此外,俄罗斯作为来华留学人数TOP10的国家之一,来华学习人数持续保持增长,2014年来华学生数为17,202人,2005—2014年来华总人数接近11万。近两年,由于俄罗斯经济不景气,来华留学生人数增速有所放缓。增速同样放缓的还有印度尼西亚。2014年,印度尼西亚来华留学生人数为13,689人,位列来华留学生源国第六,但增速出现回落。相比2005年,2014年印度尼西亚来华求学人数增加3倍。10年间平均增速为14.08%。

通过上面的数据和分析,我们不难看出,"一带一路"沿线国家在来华留学市场中贡献巨大。

与沿线国家来华留学的热情相比,作为全球最大的留学生输出国,2014年度中国出国留学总人数超过45万人,其中一半左右去了美国,而日本、澳大利亚和英国等也颇受中国留学生的青睐。不过,如果由此便判断中国在"一带一路"沿线国家留学的人数不多,那可就大错特错了。数据分析发现,在印度尼西亚、马来西亚、菲律宾和泰国,中国留学生的人数都保持在前4位,占有相当比例。如果考虑到这些国家的教育规模，那么人数也不算少。

尽管如此，"一带一路"沿线国家要想成为中国留学生的热门目的地，恐怕还尚需时日。

5,000多名徒弟："一带一路"沿线国家工人拜中国师傅

外国留学生热衷于来中国学习汉语、学习技术，而与此同时，在"一带一路"沿线上，也活跃着30多万名身怀各种技术的中国师傅。这些来自中国各行业、各领域的技术能手，跟随着中国企业"走出去"的脚步，正在向沿线各国人民传授中国技术。

在巴基斯坦拉合尔的一个工业区，一家家电企业的生产线上，来自山东青岛的技术人员正在指导当地工人装配冰箱。这家企业有将近1,700名员工，其中99%都是巴基斯坦当地人，在中国师傅们的帮助下，经过系统培训，现在他们已经熟练地掌握了冰箱、洗衣机、空调还有电视机的各项生产技术。而在整个工业区内，像这样的中国企业共有7家，30多名中国师傅带了5,000多名巴基斯坦徒弟。

来自中国的技术工程师慈锡化在巴基斯坦的实验室忙碌着，为的就是教会巴基斯坦徒弟纳迪姆冰箱的发泡技术。纳迪姆说，6年前，他独自一人从饱受战乱干扰的白沙瓦来到这家企业时，几乎对家电行业一无所知，全靠中国师傅手把手教技术，现在他已经从一线的装配工人成长为一名发泡工程师，而且凭借他在企业里稳定的收入，养活了白沙瓦家中的十几口人。

» 巴基斯坦海尔—鲁巴经济区内的中国师傅和徒弟们

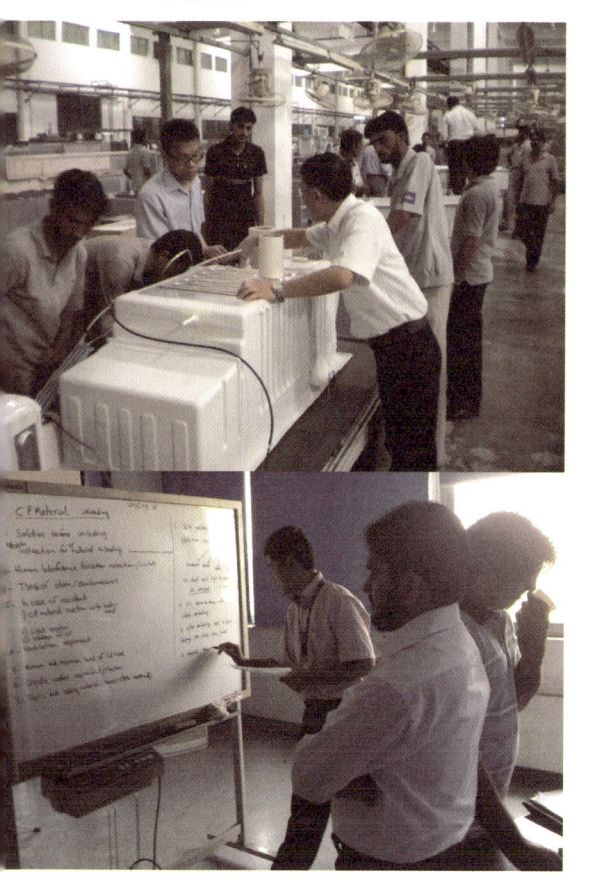

纳迪姆说,每当遇到技术难题,中国总部就会派师傅来帮助他们。更重要的是,在中国师傅们的帮助下,巴基斯坦也逐步建立起了自己的家电生产体系,拥有了一大批熟练的技术工人。

其实,不只是在巴基斯坦,随着"一带一路"倡议的不断推进落地,中国企业"走出去"的步伐越来越快。商务部的数据显示,2015年前3个季度,我国企业的投资足迹已经遍布"一带一路"沿线的48个国家,投资额超过了120亿美元,同比增长66.2%,主要流向新加坡、哈萨克斯坦、老挝、印度尼西亚、俄罗斯等国家。资本输出的同时,中国的优势技术、优势产业、重大装备和技术人才,也正在给沿线各国带去更多的发展红利。

夏丹片语

在"一带一路"沿线的旅途上,途经有些国家的机场、酒店或关卡、安检时,是要准备小费的,一定要记得换一点当地的零钱。在旅游目的地,人家为你服务,赚点劳务费,这钱花得就理所当然。还有一些国家是要准备点"好处费"的,人家一夫当关,讨价还价,这钱花得不情不愿。制片主任告诉我们一条真理:"穷家富路。"

1,134公里与12小时: "一带一路"随时走,远吗?

在人员密集穿梭往来之中,大数据搜索发现,在"一带一路"沿线各国仍有很多"梗阻"阻断了人员的通畅往来,排在前3位的是直飞航线少、贸易壁垒和签证难办。

1,134公里!这是巴基斯坦首都伊斯兰堡到哈萨克斯坦阿拉木图的直线距离,比北京到上海的距离还要近一些,如果直飞的话,只需要将近两个小时。但是,由于两国之间没有开通直飞航线，必须要先飞到阿联酋的阿布扎比去转机，整个行程至少需要12个小时，所用时间是直飞的6倍。

上面描摹的其实正是"一带一路"沿线各国之间航空客运往来的现状。以中国为例：到2014年，我国和"一带一路"沿线35个国家开通了直飞航线，但仍有29个国家没有开通空中客运航线。数据分析发现，与中国没有开通客运航线的国家主要集中在中东欧和中东。其中，中东欧16国中，除了波兰华沙外，其余15个国家都没有从中国直飞的航线。此外，从中国前往中东的也门、约旦、阿曼、科威特等国也需要转机。

频繁转机，导致沿线各国间人员往来的时间成本和经济成本都大幅提高。然而，和转机的折腾相比，办理签证更让人头疼。联合国世界旅游组织秘书长塔利布·里法伊日前曾表示："世界上有66%的人饱受签证申请过程烦琐之扰，中国人也不例外。"以中国为例，中国赴丝绸之路沿线国家旅游人数尚不到中国每年总出境人数的1/5，签证申请问题一直是出境旅游的焦点问题。截至目前，中国与46个"一带一路"沿线国家签订了各类互免签证协定，但只有19个沿线国家和地区单方面给予中国公民落地签证便利，也就是说中国公民去往大部分沿线国家首先还是要办理签证。

不过，值得期待的是，伴随"一

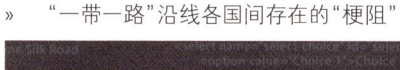

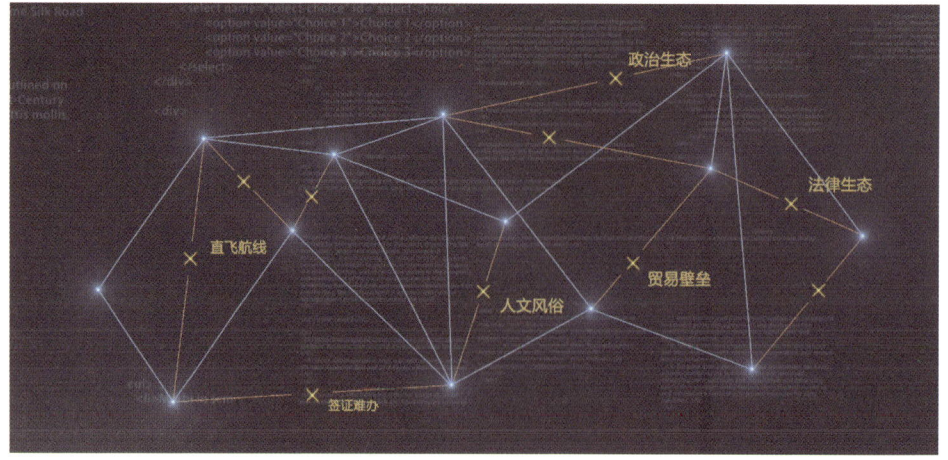

» "一带一路"沿线各国间存在的"梗阻"

带一路"倡议的不断推进，让人员往来更加便利的合作正在沿线各国间加速展开。目前，已经有 51 个国家的公民在北京可以享受 72 小时过境免签，其中"一带一路"沿线国家就有 22 个。跨国的直飞航线也在不断增加，2015 年 9 月 23 日，中国与捷克两国间的首条直飞航线——北京到布拉格的航线正式开通，中国与"一带一路"沿线开通客运航线的国家数也增加到了 36 个。除此之外，各国之间的货币互通，签证还有退税等等政策，也正在积极争取当中。

目前，"一带一路"的重大倡议，正在沿线各国人民心中落地生根。可以预见，未来将有更多中国公民和企业"走出去"，更多"一带一路"沿线国家公民和企业"引进来"。伴随人员交往的日益深入，我们期盼沿线各国间早日实现"人畅其行"！到那时，大美丝路，随时走起，就真的不再遥远！

夏丹片语

拍摄这组节目，剧组要做拍摄计划。订机票之前，最要命的事情是如何在我们的必经之路上计划好签证的时间。各国驻华使馆的工作效率不大一样。最后，由于错不开各个使馆办理签证的时间，印度和土库曼斯坦都最终放弃了。想当年，玄奘西游，手持唐朝发的通关文牒，也得一个边境、一个口岸地去签证盖章。九九八十一难，签证难挡住的可是商机和人脉啊。

| 延伸阅读 |

采访札记

对于沿线国家留学生的采访，我们选择了地处上海的东华大学。东华大学的前身中国纺织大学，是我国最好的纺织大学，其历史渊源可上溯至清代实业家张謇 1912 年在江苏创办的南通纺织染传习所。虽然不像北大清华那样声名在外，但东华大学的纺织学科却傲视全球，

综合排名世界第一。凭借学科优势，东华大学吸引来自全世界130个国家的4,700多名留学生，他们每三个人中就有一个来自"一带一路"沿线。

15年前，我曾在北京的高校短暂地教过两年留学生汉语。那时候，外国学生到中国来留学，主要是学语言、学武术、学中国文化，而且学生也以韩国、日本的居多。而这次来到东华大学，感觉变化非常大。在东华大学的很多实验室里，随处可见来自巴基斯坦、孟加拉国、乌兹别克斯坦的留学生，而来自法国、美国等发达国家的也不少，他们有的学服装设计，有的学纺织工程，还有的学材料学。汉语对他们来说，已经成了工具，而来中国学技术、学本领才是他们的目的。与此同时，越来越多的学生选择学成之后留在中国，因为在他们看来，中国飞速发展所带来的机遇，是任何其他地方无法比拟的。

另外，对于享受政府奖学金的"一带一路"沿线国家的学生来说，在中国的学习生活更是令人羡慕。按照《中国政府奖学金资助标准》，本科生按照学科不同，分为三类奖学金，最高的是文艺类和医学类，每年的奖学金高达66,200元，最低的是哲学、文学等，每年为59,200元；奖学金包括学费、住宿费、生活费和综合医疗保险费。一般来说，学费和住宿费由学校减免，而每月3,000元的生活费直接补贴给学生。这些补贴，不仅足以让他们安心学习，甚至还能存下一小笔钱，把电视机、冰箱这样的家电带回家乡。呵呵，是不是有似曾相识的感觉？20世纪80年代，中国去美国的公费留学生大多也有同样的经历。

在东华大学，我们就遇到了几位拿到政府奖学金的巴基斯坦学生。他们告诉记者，现在对巴基斯坦人而言，"学在中国"是很荣耀的事情。越来越多成绩优异的巴基斯坦学生把中国作为留学的首选目的地，来华留学的人数已经超过了前往英国、美国等西方国家留学的人数。

而中国政府也承诺每年向"一带一路"沿线各国提供10,000个奖学金名额，可以预期的是，未来会在更多的"一带一路"沿线国家，掀起留学中国的热潮。

夏丹片语

在东华大学的实验室里，我看到印度来的留学生妈妈还带着一个三四岁的小姑娘，可爱腼腆的那种。孩子一刻都不离妈妈半步，妈妈却从印度洋畔，远渡重洋，来到太平洋西岸学习纺织技术。而如今的纺织早已不是纺纱织布的概念了，印度妈妈和她的同学们在这里学习的，是如何用纺织复合材料编织出商用大飞机的翅膀来。

（刘颖）

| 第 4 章 |

能量的迁徙

地球本是一体，直到有国界线出现，被人为地分割成了一个个国家，但蕴藏在地下的能源宝藏却并没有像划分地盘那样被重新组合分割，依旧静静地躺在原来的地方。

自从人类进入工业时代，对能源的需求，几近癫狂。开始埋怨上帝的不公，为什么不给我更多的能源？让我们把视线拉到上帝的高度来俯瞰我们生活的地球，你会发现：如果用2014年全球人均消费量来计算，已探明的这些能源够"一带一路"沿线44亿人使用50多年。可能源喜欢扎堆，在"一带一路"沿线，石油储量的82%在中东九国，煤炭的60%在中俄两国，中亚、中东再加俄罗斯储藏了91%的天然气。中国、印度两个人口大国，加在一起的人口占到了整个"一带一路"区域的58.7%，两国除了煤炭还多点，天然气、石油跟庞大的需求相比，则少得可怜。*

需求和供给之间勾勒出的是"一带一路"上能量的迁徙图。

让我们跟随能量一起奔跑起来吧。

---

* 本章主要数据来源：《BP世界能源统计年鉴》(2015)。

» "一带一路"上能量迁徙示意图

0.71 立方米：
一只脚下的天然气

"地狱之门"，通向的不是地狱，而是土库曼斯坦的天然气宝藏。40 年前，人们发现了这里，想要在这里开采天然气，可发生了意外——天然气泄漏。人们想把泄漏的天然气烧光，可事与愿违，直到今天，火坑仍然没有熄灭。这么多的天然气迫不及待地要冒出来，土库曼斯坦的天然气储量到底有多少呢？毫不夸张地说，一只脚踩下去就有 0.71 立方米的天然气。

0.71 立方米意味着什么？

土库曼斯坦有着中国望尘莫及的天然气宝藏。2015 年英国 BP 公司的数据表明，土库曼斯坦现有天然气探明储量位居全球第四，然而相比于排名第一的俄罗斯的地大物博，土库曼斯坦充分说明了什么叫"浓缩的才是精华"。49.12 万平方公里的土地下蕴藏着 17.5 万亿立方米的天然气。普通人一只脚踩下的面积大概是 0.02 平方米，这样算

» 土库曼斯坦的"地狱之门"，通向的是天然气宝藏

» 土库曼斯坦阿姆河气田远景

下来，相当于在土库曼斯坦的国土上踩上一脚，就有 0.71 立方米的天然气在脚下流动。

这一脚下去的天然气能够干什么呢？中国一户人家光做饭一个月平均要用 30 立方米左右，这也就意味着，这一只脚下的天然气，足够中国三口之家一天使用了。然而中国 960 万平方公里的广袤国土，2014 年天然气的探明储量却只有 3.46 万亿立方米，相当于一只脚踩下去只有 0.0072 立方米的天然气，只有土库曼斯坦的 1/100。

1,140 亿立方米天然气跨国奔跑而来

给这么多的天然气找出路，已经成了土库曼斯坦的一件大事。阿姆河气田，因位于土库曼斯坦东部的阿姆河右岸而得名，是中国石油天然气集团公司和土库曼斯坦合作开发的，也是中石油迄今为止最大规模的境外天然气勘探开发合作项目。2007 年 7 月 17 日土库曼斯坦总统访华期间，中国石油天然气集团公司和土库曼斯坦油气资源管理与利用署签署该项目合同。2007 年 8 月成立了中国石油阿姆河天然气公司，负责天然气勘探、开

发、建设、生产运行和销售等。项目工程建设分一期工程和二期工程两个阶段实施。一期工程以 A 区萨曼杰佩气田开发建设为主，于 2009 年 12 月 14 日投产运行。二期工程以 B 区中部气田开发建设为主，于 2014 年 5 月 7 日投产运行。

截至 2015 年 8 月 10 日，土库曼斯坦已累计向中国供气 1,140 亿立方米（中石油数据），其中近 1/3 是阿姆河天然气公司在当地独立开采生产的。1,140 亿立方米天然气相当于全中国 2012 年全年的产量。如果用使用量来算的话，中国 2014 年全国的天然气消费量也就只有 1,855 亿立方米。土库曼斯坦的这些天然气足够我们用上大半年了。

1,140 亿立方米天然气对中国来说意味着什么呢？意味着少烧 1.5 亿吨标煤，这些煤可以堆满 20 多万个水立方。意味着二氧化碳排放减少 1.8 亿吨，二氧化硫排放减少 350 万吨，粉尘排放减少 150 万吨，这几乎相当于经济大省浙江一年的燃煤排放量。根据国际能源署的数据，中国因使用能源而产生的碳排量在 2014 年减少了 1.3 亿吨，

» 土库曼斯坦阿姆河气田特写

» 中亚三国规划天然气管道线路走向示意图（岳小文、吴浩筠、徐舜华《中亚出口天然气建设规划及对中国引进天然气资源的影响》，《石油规划设计》2010年第2期）

这是15年来中国碳排量首次减少，中国减排的贡献，也使得近40年来全球碳排放量第一次在经济整体增长的前提下减少。

从土库曼斯坦出发的天然气途经中亚，从新疆进入我国，与我国新疆的天然气会合后，从银川分输到全国各地，惠及包括长江三角洲、珠江三角洲在内的国内22个省、市、自治区的5亿人口。2014年外输量283.2亿立方米，占国内进口总量的1/2以上，位居国内大管网供气量第一位。根据规划，2021年土库曼斯坦向中国年供气能力将达650—680亿立方米。其中有一路，以80公里的时速，奔跑了4天，来到了深圳。它的到来，结束了深圳市用气紧张的时代。现在，深圳每天用气量最高的1小时，要比这之前足足多出10,000立方米。这些多出来的气，可以足够30,000个家庭做一顿饭了。到2017年，中亚有望为深圳提供40亿立方米的天然气，这可是深圳现在一年用气量的3.5倍。那么多天然气还能用来做什么呢？这其中，至少有1/4都可能会被转化成另一种能量，那就是——电。

其实不只是中国和土库曼斯坦，天然气每时每刻都在不停歇地向各个方向奔跑着，从中亚、俄罗斯出发，穿越里海海底，输往中东

支线	起点：土库曼斯坦	终点：中国	输气量 亿立方米/年	长度 公里	竣工日期
A	阿姆河右岸	霍尔果斯		1833	2009.12
B	巴格德雷气田	霍尔果斯	550	1833	2010.10
C	达依姆气田	霍尔果斯		1830	2014.5
D	复兴气田	乌恰	300	1000	2016

» 中亚—中国输气管线（国际燃气网）

欧 18 国；从伊朗出发，奔跑到土耳其、亚美尼亚和阿塞拜疆。然而，2014 年，"一带一路"沿线还有 10 个国家挣扎在世界平均用气量水平线之下，而要想填平这 10 个国家的缺口，未来还需要开发、运输 12,366.68 亿立方米，这相当于目前我国 6 年半的天然气用量。现在缺口最大是我国和印度，印度将修建 3 条管道，分别连通伊朗、土库曼斯坦和俄罗斯。仅土库曼斯坦一条线路建成投运，每天可以向印度输送 3,800 万立方米的天然气，相当于目前 3.3 亿印度人的用气量。

10 年和 7,008 公里：一座城池的等待

10 年前，深圳还是个缺电的地方，每逢工作日的下午，社区和住户被拉闸限电那是极自然的事。为解决用电问题，深圳在邻近东莞的平湖镇建了一个调峰电厂——钰湖发电厂。电来了，可噩梦也来了。与电厂相邻的采石厂的孟师傅这样描述那时的平湖：天是黑的，环视一周，门窗紧锁，街道上行人行色匆匆。梅雨时节，黑云压城，百里黑烟降黑雨，触肤奇痒难耐，入衣皆穿孔残破；淋到屋檐，任它七彩颜色都能给你抹成黑色，甚至连汽车都能穿了孔，那可真是"烟雨暗千家"。

有"中国好人"头衔的黄祥是深圳市人大代表，她心系百姓，10 年间一次次地跑钰湖，写提

» 深圳电厂

案——她想让电厂烧天然气。这又谈何容易？

深圳那时的天然气供应主要靠中海油的 LNG 船运送，运气颇费周折，居民用气本就捉襟见肘，何来多余的"气"发电呢？

于是，土库曼斯坦的天然气迤逦而行，源源不断来到中国。10 年的等待，7,008 公里的跨越，一座城池的围解了。中亚天然气进入深圳的第一站名叫求雨岭，相传古时干旱少雨，人们便在此处求雨。而如今，求雨岭仍在，它却"求"来了 7,008 公里外的天然气，还了这里一片生存的净土。

20,000 个：阿姆河气田给土库曼斯坦带来的就业岗位

中土合作的阿姆河气田，不仅源源不断地给中国输入天然气，也为土库曼斯坦创造了 20,000 多个就业岗位，这几乎是土库曼斯坦就业人口的 1%，而为土方培训员工更是多达 30,000 人次。

目前，阿姆河气田已经实现了生产操作本土化。在中土合作中，专门培训当地员工，并派往中国学习，一些土库曼斯坦员工还自学了汉语。目前不少土库曼斯坦员工在阿姆河项目中的重要工作岗位上发挥作用。

受此影响，到中资企业就业、到中国留学成为时下土库曼斯坦青年向往的目标。土库曼斯坦来中国的留学生从 10 年前每年的四五十人增加到目前的四五百人。

» 阿姆河气田创造了 20,000 多个就业岗位

夏丹片语

能量这一集在电视台新址的演播室里录制的时候,我已经在这个绿色的大屋子里待了一整天。这是最后的一条拍摄,现场气氛凝重,人人神色紧张。七集大片,几千字的串场词,全都要记到脑子里,再活灵活现地说出来。而空荡荡的演播室,没有台词里的沙漠、绿洲、米兰、迪拜,没有阳光,没有风沙,更没有土库曼斯坦昼夜燃烧的地狱之门。人生如戏,全靠演技。行万里路,全靠跑步机。我不知道虚拟演播室会把我带到什么样的世界。直到特效出来的时候我才安心,虚拟出来的世界比我想象的要美好。给"程序猿"和"攻城狮"们点个赞,也给自己点个赞。

1,400万千瓦:
中国给"一带一路"带去电力技术和装备

清洁的能源在流动中带来能量,也改变着人们的生活环境。同样,在"一带一路"的版图上,每天在迁徙奔跑的,还有另外一种东西,那就是清洁的技术和装备,它们正在国与国之间的流动中,创造出新的能量。

1,400万千瓦:出口到"一带一路"沿线国家的电力装机

每天下午5点,北京八达岭经济开发区就开始热闹起来:长40多米的大车,满载着风力电机设备,在路上排成一排,它们即将起程,经过陆路和水路,奔往"一带一路"沿线国家。

像这样的能源装备流动,每天都在"一带一路"沿线上演,包括水电、风电、火电、核电、光伏等在内的能源装备,每年从我国运出去的,大概有1,400万千瓦的装机,相当于整个北京市的电力装机。

1个电站4种中国技术

在泰国班武里府的一个在建的光伏电站里,从中国远道而来的光伏板,正在加紧组装。包括晶硅板、薄膜在内的4种中国最先进的光伏

» 长40多米的大车满载着风力电机设备，在路上排成一排

发电技术，在这个电站里都能找到。中泰合作这个电站的目的，就是通过实践4种太阳能组件，积累光伏项目建设经验，为大面积建设光伏电站做准备。根据泰国工业部的计划，到2036年太阳能发电量将占到全国发电总量的9%，装机总量将达到6,000兆瓦。而要实现这些，除去已建成的1,300兆瓦，还需要建设940个像班武里5兆瓦的光伏电站，仅光伏板就需要2.35亿片，它们将为300万户家庭提供电能。也许在未来的几十年中，我们高楼大厦上的玻璃全部已经被这种太阳能组件替代了，老百姓的生活用电可以自给自足了。

» 泰国光伏电站施工现场

988亿度×56，照亮"一带一路"

这么多的电站要建，"一带一路"沿线主要国家到底有多缺电呢？根据中国电建云计算与大数据中心的数据，2013年全球年人均用电量达到3,084度，人均用电

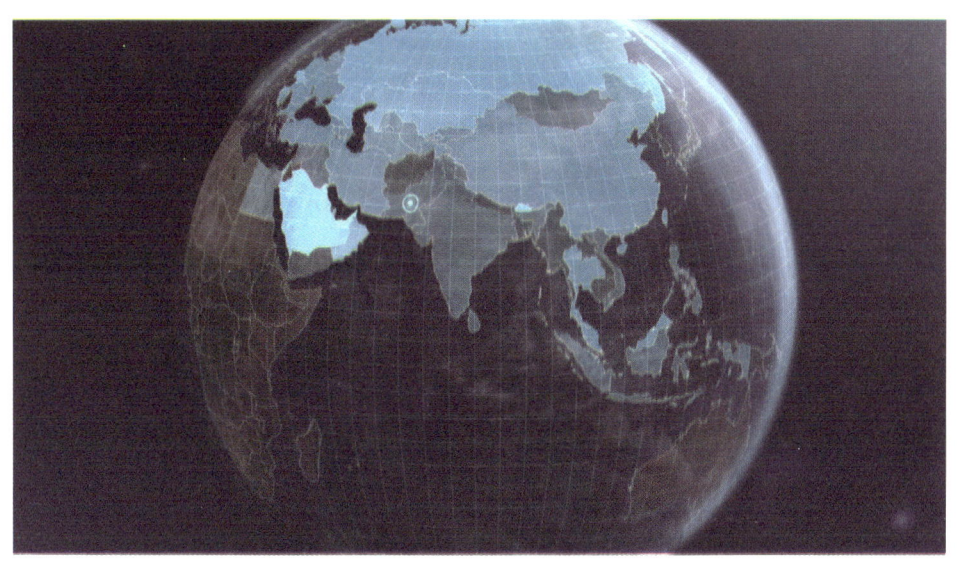

» "一带一路"沿线各国人均用电量示意图

量低于 2,000 度的国家有 20 个。它们与世界平均用电量的差距达到了 54,982.52 亿度，如果按照 2014 年三峡水电站年发电量 988 亿度算的话，相当于要建近 56 个三峡水电站才能让这些国家的夜晚不再黑暗。

根据人均用电量的数据，绘制了这张"一带一路"国家电力情况图，颜色越深代表越缺电。从这张图中可以看出，南亚和东南亚缺电情况最为严重。印度平均每人每天只有 1.7 度电，巴基斯坦是 1.27 度，而阿富汗只有 0.2 度，还不够煮熟一锅饭。

稳定的供电系统，是一个城市乃至一个国家正常运转的基础。然而，在巴基斯坦，停电几乎是家常便饭。巴基斯坦是南亚人口大国，由于能源有限，人口基数大，长期面临能源短缺问题，电力短缺尤为严重，经常拉闸限电。夏季用电高峰期间，像首都伊斯兰堡及卡拉奇、拉合尔等城市每天都要停电 6 小时以上，其他偏远地区每天停电甚至达 16 小时。在这里，每隔三四个

» 巴基斯坦市场缺电

小时就要停一个小时的电。

　　拉瓦尔品第是巴基斯坦曾经的首都，也是重要的工商业城市，而塞普尔街则是拉瓦尔品第最繁华的商业街，白天这里的行人和车辆熙熙攘攘。拉瓦尔品第夏季平均气温高达 40 摄氏度，可就是在这样炎热的情况下，这条街上居然没有一家商户开空调、电风扇。不是巴基斯坦人不怕热，也不是商家不想开空调和风扇，而是下午拉瓦尔品第停电 4 个小时，傍晚 6 点半恢复供电，每天都是如此。或许有人会问，为什么不用发电机呢？事实上，发电机在巴基斯坦是奢侈品，每台小型发电机就得花费将近 40,000 元人民币，而巴基斯坦人均年收入还不到 10,000 元人民币。如果说白天高温能够勉强撑过去，夜晚无电的生活才是真正的煎熬。晚上 10 点半，拉瓦尔品第商业和餐饮业最繁忙的时候，灯火通明的塞普尔街一侧突然变得漆黑。断电让人们猝不及防，沿街的商店只能用应急电源来维持照明。瓦卡斯经营着一家杂货店，物美价廉的商品吸引了附近的居民，就在停电的半个小时里仍有一些顾客在店门口翻看商品，由于炎热，顾客们很快就汗流浃背。尽管长期使用应急电源造成了额外开支，但如果因为缺电就关上店门，无疑错失了最好的商机。

» 巴基斯坦市场夜晚经常停电

纺织业产能下滑40%，巴基斯坦缺电之殇

有应急电源的商店在塞普尔街并不多，大多数店铺只能在黑暗中无奈地等待。就在瓦卡斯的杂货店隔壁，一家裁缝店由于断电只能停止营业，学徒们坐在黑暗中，对着缝纫机一筹莫展。缺电严重影响着裁缝店的经营。不仅如此，近年来，随着能源短缺问题日益严重，巴基斯坦许多纺织工厂被迫停工甚至关闭。纺织业一直是巴基斯坦的支柱产业，然而，自2011年以来，受到电力供应不足的影响，巴基斯坦的纺织业产能下滑了40%。在旁遮省，2011年每天断电4个小时，2012年、2013年每天断电6个小时，2014年更是达到了每天断电8个小时，而且供电价格也大幅上涨。对于从事纺织、服装贸易的巴基斯坦人来说，缺电一直是他们心头的难题。

» 巴基斯坦纺织业产能因缺电而下滑

» 巴基斯坦医院间歇性停电同样是家常便饭

缺电让巴基斯坦的步履变得很沉重，拖垮的不仅是生活，还可能是生命。就在2015年6月，受厄尔尼诺现象的影响，热浪侵袭了巴基斯坦南部，造成近200人中暑死亡。在伊斯兰堡医学研究所医院，急诊室24小时都要跟死神赛跑，在这里间歇性停电同样是家常便饭。

夏丹片语

在巴基斯坦首都，一停电，街头的发电机就隆隆作响，此起彼伏。不是随便谁都能用得起发电机的，因为你首先要买得起柴油。空调和电扇在这个炎热的南亚国家也是奢侈的享受。因此，很多小本生意的人家，停电了就歇着，等电来了再做买卖。有时候，你习惯了停电的生活，会觉得有电的日子夺去了原本可以慵懒偷闲的好时光。

数说"一带一路"

900万度：
每天跨国奔跑的电能

建电站发电，并非一朝一夕之功，即使最快的火电站也要两三年的时间，水电、核电等电站更是动辄10年的建设周期。还有别的办法化解缺电的难题吗？

跨国电力通道

国与国之间有边界，在人员往来、商贸交流时得有护照、办签证。在中越两国边界上的天保口岸，有一种东西，不仅跨越国界畅通无阻，而且每时每刻都在不停歇地奔跑着——这就是连通两国的跨国电力大通道。不只是中国和越南之间架起了跨国电力通道，中国和缅甸、中国和老挝、老挝和泰国之间，都架起了跨国电力通道。

2004年9月25日，云南第一条110千伏对越南送电的河口—老街线路投入运营，正式拉开了"云电送越"的大幕，打通了首条中国对东南亚国家的输电通道。截至2015年9月30日，从我国南方电网送到越南的电量达到了304.17

» 欧阳夏丹背后不远处是中越两国之间的跨国电力通道

亿度，送到老挝的电量达到了 8.76 亿度，送到缅甸的电量达 1 亿度，同时从缅甸进口电量达 120.8 亿度。

这就相当于每天有近 900 万度的电能在国与国之间奔跑。

老挝人用上了中国电

900 万度电够老挝全国用上两个星期了。其实，现在老挝北部 5 个省用的电，都是从云南电网送过来的。6 年前通电的那一刻，老挝北部 190 万无电人口第一次用上了电。

在老挝乌都姆赛开酒店的阿竹，在中国学了 3 年的中文和会计，现在是乌都姆赛最大宴会厅的经营者，当地居民的婚礼大都在她经营的宴会厅里举行。

"从前，一场婚宴中经常出现断电好几次的情况，我买了台小型柴油发电机来保证婚礼供电，但是这样成本实在太高了。""老挝天气热，婚宴吃什么菜，我们只能当天去市场买，肉类和蔬菜都很容易坏，冰箱不能用，厨师的工作量就会大很多。""在宴会厅里没有风扇和空调，客人们根本就坐不住。新郎新娘就更痛苦，顶着高温穿着礼服，简直就是在受罪。"阿竹告诉我们说。

» 老挝人用上了中国电

2009 年后，中国电进入老挝，阿竹的宴会厅不会再出现断电的情况。因为供电稳定，阿竹新增了多媒体设备，把婚礼办得更加有声有色了。"中国电质量可靠，价格优惠，我的经营成本没有增加。来的客人多了，我也就有更多的资金来更新设施了。"阿竹眉眼间都透露着掩饰不住的开心。

空中电力输送，不曾间断

没有电力的供应保障，社会的一切发展都将滞后，人民的生活也将始终处于原始、落后的状态。对东南亚国家而言，安全、可靠的电力供应就像是冬天的炭火、夏天的凉风一样让人期待。对于电力基础设施建设薄弱、电力网架结构脆弱的这些国家，中国不仅送去"冬暖夏凉"，更为这些国家提供技术培训、统一调度，保障了电力输送的安全、可靠。

2010年，云南省遇到了百年罕见的干旱，发电厂出力小、电源供应紧张，省内电力供应的保障受到了前所未有的威胁。然而，对于国与国间的电力输送工程，我们不仅要保障企业利益，更要维护国家的尊严。在当时云南省内电力供应形势极其严峻的情况下，通过限制省内高峰电力负荷及西电东送负荷，想尽一切办法保障了对越南、老挝的供电，保障了湄公河畔人民的生活用电。

夏丹片语

在老挝的琅勃拉邦，距离市区4个小时车程，我们到达了一片林区的电网工地。这里的饭菜飘出了中国工地特色的喷香，来自云南的大厨为工地上几十号中国工程师和老挝国家电网的工作人员做饭。我们一人端一个大碗，用大铁勺到各个盆里去盛菜，因为多添了一碗米饭，这顿饭成为"一带一路"沿线最美味的回忆。这里有半年的雨季，而我们到来的九月正是阴雨连绵，趁着天还没黑，就着水龙头卸个妆。

99%的开发空间：互联互通的未来

跨国送电，解决了很多东南亚国家缺电的难题，但随着各国经济的发展，对电力的需求，并不是简单地架一条电线就能解决的。互联互通成为目前各国急需解决的问题。

澜沧江—湄公河，它从我国青藏高原的唐古拉山发源，流经缅甸、老挝、柬埔寨、泰国，最终从越南入海。这条河不仅养育了流域内3.2亿人口，还蕴藏着巨大的能量。根据测算，它可以开发水电的资源就差不多相当于22个大型水电站，可以供近5,000万人一年的用电。目前开发量仅为1%，也就是说，还有99%的开发利用空间。*流域各国电力发展不均衡、电网输送能力弱，是急需解决的。

老挝：从买电到引进先进电网技术

老挝，这个具有浓郁南亚风情的国家，一直吸引着来自欧亚各国的大量游客。在琅勃拉邦花园般的宾馆里，随着夜色的降临和游客的回归，用电量也达到高峰。艾是宾馆后勤部的电工，晚上后勤部经理特意督促他再次检查一遍宾馆的发电机，保证在停电应急时刻能够正常运转。一周前艾刚经历过一次因暴雨导致的全城大停电，但现在，他们更大的压力来自于宾馆越来越高的用电负荷。

"最近来访客人人数增多，取暖器、面包机、衣物烘干机的使用频率增高，我们担心会有（供电上的）问题。"艾无奈地说。

和这座花园宾馆一样，老挝整个国家也面临着飞涨的用电需求和老旧的电力系统之间的矛盾。一早，老挝电力公司的副总经理通佩就亲自驾车奔波于正在建设的变电站和水电站之间，协调沟通工程之间的合作情况。通佩在中国学习电力的女儿正好放暑假回国，就被他作为自己的中文翻译时刻带在身边。

"现在我们输送电力到农村的比例越来越大，而从这里到农村路途遥远，路途中损失的电力很多，断电现象也常发生。城市内的一些电路系统也不再适用了，现在用电

» 央视拍摄人员在琅勃拉邦电网施工工地

---

* 数据来源：郭延军、任娜《湄公河下游水资源开发与环境保护——各国政策取向与流域治理》，《世界经济与政治》2013年第7期。

» 通佩在中国学习电力的女儿暑假回国,作为中文翻译跟在父亲身边

的人越来越多,而线路却仍是以前的,导致供电不足。"通佩每每到施工现场,都会焦虑地说上这些话。

而通佩更期待的是,整个即将投运的北部电网工程采用了中国的先进电网技术,不仅强化了老挝电力公司的电力系统,增强了电网的稳定性,并且在电网建成后,还将第一次把老挝不均衡的南北的电力资源连接沟通,统一调配使用。

在10年前,老挝就在向中国云南买电,但老挝并不缺乏电力资源,而是受阻于各区域电网无法连通。现在老挝寻求与中国合作的重点已不再是买电,而是输电网络的建设。

老挝:告别"鸡毛信"电网调度时代

苏海从2009年起一直是老挝那磨1变电站的值班调度员。230千伏老挝北部电网项目投产后,苏海当上了那磨2变电站的站长。坐在崭新的调度控制室中,苏海回忆起他的同事宋赛:"刚开始和中国联网的时候,调度指令都是用中文传递的。那时我们站会中文的只有宋赛一个。"

"当时我们国内的调度方式还不像现在,那磨1变电站没有通信设施和老挝北部输电管理局相连。为了传递调度指令,宋赛每次都要骑摩托车50公里,到南塔县城给北部输电管理局发传真。收到管理局的指令后,又骑50公里回到站里,把信息反馈回去。"

"宋赛因为积劳成疾,几年前去世了。"苏海说,"坐在这间现代化的调度控制室里,我突然很难过,很想念他。我也学了中文,是他的继任者。但我比他幸运,赶上了好时候。"

区域电网互联互通:点亮湄公河畔万家灯火

电力作为国家基础性产业,与经济社会发展和人民生活福祉息息相关。由于大湄公河次区域各国经济发展、基础设施建设、资金和技术的不平衡,各国电力市场发展水平也存在着较大的差异。区域电网互联互通,势必将推动区域各国深化电力合作,呼之欲出的是打造区域统一的电力交易平台,进而形成区域电力市场的交易机制、协调机制、价格机制以及风险防范机制,使区域内各国的电力资源在更广大的市场中进行合理配置,互通有无,有效缓解各国电力市场发展的不平衡问题。

蜿蜒的湄公河流域,连接起了中国、越南、缅甸、老挝、泰国、柬埔寨,这是一片美丽富饶、自然资源极其丰富的热土。区域电力合作和电网互联互通,正在潜移默化地改变着湄公河畔人民的生活。

"国之交在于民相亲",一条

» 老挝北部电网

» 湄公河日落

条电力大通道，不仅为湄公河畔的人民送去了光明和温暖，更成为了拉近各国人民感情的"心路"。

为了湄公河畔的万家灯火，我们一刻不曾停下脚步。

夏丹片语

湄公河边，缺电的生活不缺滋味。夜幕降临的时候，老挝的姑娘唱起了邓丽君的情歌。油灯上桌，众位客官开始"盲品"那些美味的菜肴。老挝最好的商品是这里的啤酒——老啤，也算是老挝进入工业时代最有力的证据。当来自异乡的游客匆匆地在鳞次栉比的庙宇间穿梭，老挝人的口头禅则是："慢慢来……"

（朱继华、吴龙海、黄梦婷）

数说"一带一路"
A DATA-BASED EXPLANATION OF ONE BELT ONE ROAD

| 第 5 章 |

口味连接你我

就人与食物的关系而言，除了"吃"与"被吃"，还有很多复杂的纠葛。

一万多年前的野生小麦，如何知晓自己将被人类驯化，并改写人类文明发展走向？五千年前的一颗黑胡椒，即使给它苏格拉底智慧和爱因斯坦头脑，也无法想象几个世纪里人类将如何为之疯狂。两千年前的东方茶叶，怎么知道自己终将抵达欧洲大陆换回西方的丰饶物产？即便是今天的方便面，也很难清楚自己与能源串联出的生态链。

当然，人与食物之间注定存在一种美好的关系。就像火锅里腾起的热气、烤馕店飘出的清香，像夏日刚开始融化的冰激凌、酒后微醺的一口酸梅。每一天，"一带一路"沿线的几十亿人口被不同风味的食物唤醒。

"三千年前古代埃及人偶然的发现"，"赤道上下五度的地方"，"从非洲西海岸"，"在广袤的中亚"，"在数字的背后"，都藏着怎样不为人知的故事呢？

8,000吨与58吨：辣味的交换与扩张

据说，口味的偏好能够反映人的性格特点。美国一位博士花了25年时间研究食物与性格的关系，得出这样的结论：口味偏咸的人喜好随大流；甜食党做起事来随心所欲；嗜辣的人热情果敢，做事往往带着一股痛快劲儿；吃苦的人性格内向、独来独往。

这样说来，当你在"一带一路"沿线国家行走时更容易受到热情的招待，因为吃辣的嗜好正在"一带一路"版图上扩张。大数据挖掘发

» 辣味扩张示意图

现,辣味已经成为亚洲和中东欧等45个国家的第一口味。中国、马来西亚、泰国、印度、巴基斯坦、印度尼西亚等国家均跻身嗜辣榜TOP10,连与世无争的不丹也榜上有名。

漫步在"千岛之国"印度尼西亚,当地人毫不吝惜地使用各色香料来表达对辣的喜爱。几乎每一道菜肴里都能轻易找出上十种香料,就连地道的主食黄姜饭,色泽金黄的米粒里都饱含黄姜和胡椒的辛香。

在花园国家新加坡,你被一遍又一遍邀请品尝辣椒螃蟹这道"国菜"。看着鲜红的螃蟹,还有番茄酱加上辣椒碎调制而成的鲜红酱汁,你就眼睁睁看着自己被酸辣的味蕾俘获。

瞧瞧马来西亚大街小巷都能吃到的国民小吃叻沙Laksa,无论鲜红的汤汁里拌着海鲜、鸡肉还是素菜,那一口酸辣劲爽让你吃得汗流浃背也无怨无悔。

印度的咖喱世界闻名,他们几乎人人都喜欢吃辣和咖喱,几乎所有的菜都用咖喱做调料;埃塞俄比亚人以嗜辣闻名,他们爱吃一种用辣椒、香料和肉制作的辣汁——瓦特;巴基斯坦人也喜欢吃辣,吃西餐要放胡椒粉与芥末,吃中餐要放些豆瓣酱;缅甸人爱好咖喱,更爱好吃带酸甜和辣味的菜,餐桌上要放辣椒油;埃及人也是重口味,他们喜欢焦香、麻辣的浓郁味道。

从源头上说，人类的味觉基因只包括酸、甜、苦、咸、鲜五个大类，人类对甜的认知可以从吮吸第一口乳汁开始计量。而辣，并非一种味觉，而是辣椒素刺激口腔黏膜引发的灼烧感，它与纯粹依靠味蕾体会到的酸甜苦咸有着本质区别。

2012年，一帮意大利科学家重走古丝绸之路，开创性地对那些尚未被现代文明影响的部落进行了研究，并从他们经久不变的饮食习惯中发现了8个基因突变位点，其中就包括一个与感受辣味相关的离子通道蛋白编码基因，这个基因决定了人们辣口味的偏好。

从时间成本来看，尝鲜可以是几分钟的事情，而辣却用赤裸裸的灼热感将你的味觉系统秒杀。辣，恰恰是凭借这样简单粗暴的刺激感，在世界版图上不断蔓延扩张。无论你是否接受这一口辛辣，魔鬼咖喱与印度、冬阴功汤与泰国、辣椒煮起司与不丹，等等，它们不约而同以各自的极致口味诠释着这个国度的性格。

食物不仅跟味觉、嗅觉基因有关，它还蕴含着感情与历史。儿童时期得来的故乡味觉记忆，总让人对之念念不忘。食物的传播交融史，伴随着人类社会的变迁史。某个地方的菜传到了另一个地方，说明这两个地方的人之间有交集了。

» 中泰两国辣味交换的背后，是有趣的辣椒贸易

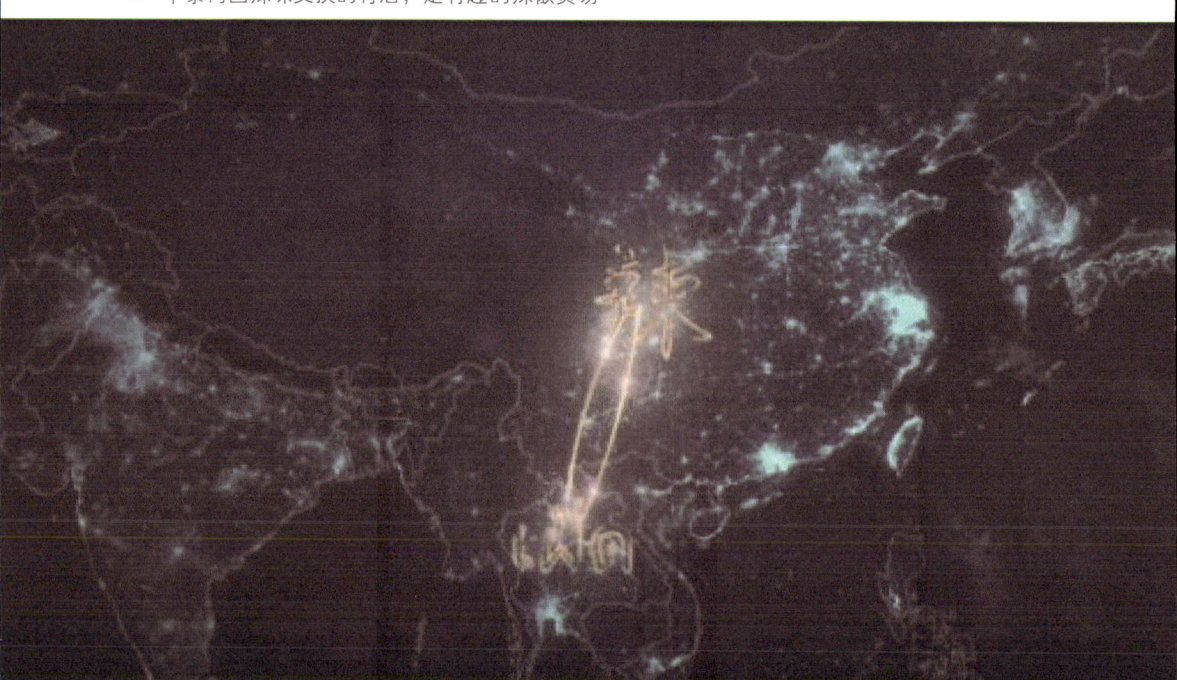

一位相当有性格的"辣妹子"不得不提，那就是泰国公主诗琳通。这位备受泰国人民爱戴的公主殿下在自己的六十岁诞辰国宴上，点名要吃中国川菜。哪怕国宴上全是泰国王室成员、政府官员、各国驻泰大使等政要人士，哪怕国家电视台要全程现场直播，诗琳通公主依旧坚持用鸡豆花、麻婆豆腐和辣子鸡丁等异国菜肴，来分享她对美食的专属记忆。为了川菜食材的新鲜，两千公里外的土鸡、笋子、泡菜、辣椒、花椒等3,400多公斤的食材，分3个批次、5个航班全部空运到泰国，这才保障这场盛大的皇家盛宴取得了成功。

诗琳通公主的个性之处不止于此。在泰国，她享有无上荣耀，任何人拜见都需要行跪拜礼，前总理英拉的卧身在地行礼就被奉为经典。然而，作为自幼酷爱中国文化的"中国通"，诗琳通公主来中国一点也没把自个儿当外人。为了追寻武汉作家池莉笔下的江城女性，诗琳通公主素颜游览武汉江汉路步行街，模仿热干面师傅捞面、毫不做作地当着众人剥板栗，任凭行人拍照留影。

事实上，大数据用泰国文字挖掘的排名里，中国川菜脱颖而出成为最受泰国网友喜好的异国美食，而辣子鸡丁更是凭借一口麻辣，俘获了包括诗琳通公主在内的2,500万泰国网友的味蕾。

同一时刻，大数据挖掘出中国网民最推崇的外国美食竟是泰国的"国汤"冬阴功汤。在泰语里，"冬阴"是酸辣的意思，"功"是虾的意思，翻译过来就是酸辣虾汤。汤里的辣味正来自个头小小的泰国朝天椒——世界上最辣的辣椒之一。当辣椒在明朝末年随着三桅帆船进入东亚大陆时，谁能料想，那些被当作观赏盆景的红绿果实，在今天成为中泰彼此相通的口味。

中泰两国交换辣味的背后，是有趣的辣椒贸易。就在2014年，中国的8,000多吨干辣椒汇聚到青岛等港口，沿着海上丝绸之路运往泰国；与此同时，58吨新鲜的泰国辣椒沿着湄公河来到中国，散布到全国各地。简单的口味交换，在"一带一路"沿线国家之间构建起大量的农产品贸易。因为辛香，每年约有50万吨大蒜从中国运往印度尼西亚；因为香酥，每年有

近 600 万吨棕榈油从印度尼西亚等国来到中国；因为香甜，每年有近 7,000 吨蜂蜜从中国运往泰国。

在千年古丝绸之路上，现在每一天，谷物、牛羊肉、蔬菜、牛奶、咖啡、香料以超乎想象的数量和速度在沿途国家之间不停地穿梭。如今，"一带一路"沿线国家的农产品贸易总量已经超过 20,000 亿美元，相当于俄罗斯的经济总量。随着越来越密集的贸易往来，每年仍将有很大的增长空间。

夏丹片语

看到这章美食的稿子，我都不好意思再写吃的了，虽然我确实是个"吃货"。还是鼓起勇气吧！泰国实在是美食的天堂，任何一种平凡的食材在厨师们的调理下，都能幻化成可口的美味。但是也有例外——拍摄完光伏发电的节目，从泰国南部班武里府回曼谷的路上，我们在路边找到了一家当地人聚集的火锅店。特别神奇地发现，这里的火锅是边涮边烧烤的。旁边一圈是汤锅，中间炭火上搁着笼子烧烤。烟熏火燎之下，大家狼吞虎咽地干掉了各种不知名的菜品。味道嘛，就是那种不会再去第二次的感受吧。但这丝毫不妨碍我对泰餐的大爱。

1 包方便面与 4,000 万吨棕榈油：
食物与能源的生态链

快节奏的生活，让人们越来越习惯于在短时间内得到极大的口味满足，一个典型的例子就是方便面。作为仅次于面包的全球第二大工业化食品，方便方方面面的方便面成为了"一带一路"沿线国家，特别是亚洲区域的大众食品。

世界方便面协会数据显示，"一带一路"沿线主要国家每年消费的方便面总量在千亿包左右。2013 年，中国以 462 亿包方便面的总消费量居世界第一，印度尼西亚以 140 亿包位列第二，排在其后的还有越南、印度和菲律宾、俄国等。

» 方便面与旅途的紧密联系

什么样一个概念呢？我们换算一下，就在中国，平均每天有1亿多包方便面被打开，平均每秒有1,300多人同时在感叹"就是这个味"。400多亿包方便面摞起来，将是28万节火车车厢从北京西站连接到广州西站，再由广州连回北京。

作为现代食品工业的典型，一包简单的方便面满足了"一带一路"几十亿人对于能量和口味的需求。同样是100克，面条和馒头只能提供300千卡的热量，而高能量的方便面含400千卡的热量，更能达到果腹需求。也许你要问，方便面能有什么口味？无非是红烧牛肉和老坛酸菜。让我们细细数来：红烧牛肉面、香辣牛肉面、麻辣牛肉面、香菇炖鸡面、老坛酸菜面、西红柿打卤面等等几乎是中国通吃；来到江南水乡，东坡红烧肉面、笋干老鸭煲面、雪菜肉丝面、花旗参炖乌鸡面更受欢迎；而在东北那旮旯儿，小鸡炖蘑菇面、酸菜炖排骨面、西红柿炖牛腩面、红烧肉炖干豆角面就是这么接地气——在中国，仅仅是康师傅一家面厂就有超过200种口味。走出国门，泰国的冬阴功泡面、新加坡的香辣蟹拉面、马来西亚的咖喱叻沙面、槟城的白咖喱泡面，可以说"一带一路"有多少种美食，就有多少种口味的方便面。

在每个加班、旅行、不想做饭

» 棕榈油大罐

的日子，当"一带一路"沿线国家的人们打开杯面盖儿，注入热水，静候5分钟，享用热气腾腾的方便面时，吃的不仅是口味这么简单，它背后是与能源有关的传奇故事。

方便面能有什么传奇？制作工艺简单直白：精白面粉先蒸熟压饼、切条，然后用棕榈油快速炸制，脱去表面附着的油脂，加上料包，然后装袋而成。而这过程中必不可少的棕榈油就是故事的关键。

每炸一包方便面，需要消耗棕榈油12克。中国最大的方便面生产商曾在接受记者采访时表示，都说方便面是油炸食品不健康，其实油炸不油炸与是否健康无关，没有炸过的面饼口味就会欠缺一点。用棕榈油炸过的面饼稳定性好，不易变质，整个过程无须加入防腐剂。看来成就一包美味的方便面，稳定性好、不易变质的棕榈油必不可少。棕榈油这种特性，也早已让它广泛应用于饼干、冰棍儿等食品工业、餐饮业、油脂化工业、生物燃料工业等领域。光是满足中国老百姓对方便食品的需求，就得上百万吨的棕榈油。可这样的油，中国却一滴也不产，全部依靠进口。自新世纪以来，中国棕榈油进口量不断攀升。据中国海关统计，1996年我国棕榈油进口数量仅为101万吨，2001年上升到152万吨。棕榈油就此成为从马来西亚和印度尼西亚来中国的常客。2013年，联合国商品贸易统计数据显示，中国棕榈油进口价值超过49亿美元，总量逼近600万吨。棕榈油一跃成为中国从"一带一路"沿线国家进口量最大的农产品。

可用来生产棕榈油的油棕树，必须生长在赤道上下五度的地方。只有饱满的阳光直射和充沛的降雨，才能保证油棕树结出含油量足够高的果子来。当你从马来西亚的斗湖机场开车出来，道路两旁全是茂密的油棕树。无论你向哪个方向行驶,数小时里映入眼帘的依然只有绿油油的棕榈扇叶和红彤彤的油棕果串。在印度尼西亚的加里曼丹岛,一个格拉哈油棕种植园的占地面积就比北京市的东城区和西城区加起来还要大。在这片沃土上,200万棵油棕树是村民们唯一的生活经济来源。种植、铲果、装车、运送这样的工序,为村民换回了道路和桥梁、换来冰箱电视,还有供儿女读书。

油棕树被誉为"世界油王",它的单位面积产油量是花生的5倍,是大豆的9倍,是世界上生产效率最高的产油植物。马来西亚和印度尼西亚也由此成为全世界最大的棕榈油出口国。很少有人知道,早在100多年前,油棕树就是古丝绸之路上的旅者。这种原产自非洲的热带植物,从非洲西海岸,沿着"海上丝绸之路"传播到东南亚,并在这里落地生根。现在,棕榈油从印度尼西亚和马来西亚返销西非,迈向全世界。

如今,整个"一带一路"沿线国家棕榈油的年贸易量已经超过4,000万吨。就在人们消费棕榈油的同时,也产生大量的棕榈壳。这些榨油残留物曾给印度尼西亚农户带来不少麻烦,每年都花费大量精力处理这些"垃圾",如今这些曾经的"垃圾"却成了宝贝。

在新加坡裕廊岛,每月都有一艘满载棕榈壳的货轮从印度尼西亚驶来,这些棕榈壳将被运往工业园区的一家燃煤电厂。新加坡这个"花园国家"有着苛刻的环境政策,发电一律使用石油和天然气。

» 印度尼西亚帕朗卡拉亚棕榈种植园

» 新加坡燃煤电厂管道里的棕榈壳

» 方便面、棕榈油、发电之间的奇妙关系

但在几年前,这座燃煤电厂破天荒地被批准建设投产,而促成此事的就是这些棕榈壳。工人们每天把低灰低硫煤和棕榈壳为主的生物质,按照80%煤和20%生物质的科学比例混合,然后送入发电系统。加入20%的生物质,就能够把二氧化碳的排放相对降低20%。这样一来,既能满足二氧化碳排放的环保要求,又能在成本上具有国际竞争力,让新加坡老百姓用上廉价的清洁能源。

如果换算成统计数据,你会发现:3个中国小伙伴各吃1碗泡面,印度尼西亚产生的棕榈壳,就可以让新加坡200盏5瓦的节能灯泡同时点亮1个小时。三件看起来风马牛不相及的事情就这样把三个国家装进了一个故事。

这样的故事正在"一带一路"上复制、拓展。自全球原油价格上涨以来,马来西亚积极发展和使用生物燃料。第一家以棕榈树废料为原料的发电厂,耗资千万美元在沙巴州一家棕榈树种植园建成。这里每小时焚烧约30个果束,发电量达到7.5兆瓦。而当前"一带一路"市场上分布有近千个同等规模的棕榈油生产园区。保守估计,东南亚地区仅棕榈油炼油行业的潜在容量就高达70万千瓦。在岛屿众多的东南亚地区,电力资源十分匮乏,就菲律宾而言,7,000多座岛屿没有统一的国家电网,其中大部分岛屿都依赖煤电、油电、火电、天然气发电提供生产、生活用电,一次能源消费巨大。生物质发电属于清洁、可再生能源的利用,在有丰富生物质资源的东南亚地区有着更为广大的拓展空间。

夏丹片语

在印度尼西亚的帕朗卡拉亚,我们遭遇了著名的烧芭。这可不是什么让人惬意的事——东南亚植被茂盛,农民们为了开垦荒地,用火烧荒,这样大大节省了人力垦荒的成本。但是整个岛屿都被浓密的烟霾笼罩了,烟霾甚至会漂洋过海霸占马来西亚和新加坡的天空。周边国家的抗议完全无效,低下的农业生产效率迫使这里的农民为了生计而继续着刀耕火种的原始方法。如果这些被烧掉的植被用来发电,应该比棕榈壳发出的电量多太多了吧。

1 袋酵母与 25 万吨高筋粉:
馕与面包的命运共同体

小麦大概是世界上最伟大的植物。这种一万年前被人类驯服的植物,让人类从史前的食物采集者瞬间进化为食物生产者,从担惊受怕的流动部落演变成划地而居的安定生活。当然,也是这样一种植物,驯服了人类。不然人类怎么会为之舍弃狩猎生活,终日禁锢在土地上弯腰劳作,甚至开垦荒滩,直到在每一寸合适的土地上播下小麦的种子?

小麦从中东地区出发,南至北纬 17°的越南、北至北纬 50°的捷克,从平原到海拔 4,000 米的高原均有种植。对于"一带一路"沿线来说,它是朴素的俄罗斯列巴、优雅的欧洲通心粉、夸张的印度甩饼,等等。对于中国人来说,既是传统的面点,也是流行的面包。而对于广袤的中亚人民来说,它是顿顿离不开的馕。你很难想象,就是这样简单的馕和面包,正在打造"一带一路"的命运共同体。

做馕少不了酵母。酵母,这个 3,000 年前古代埃及人偶然发现的

» 欧阳夏丹在哈萨克斯坦烤馕店

物质，可以说是面食的灵魂。它以微乎其微的存在、渺小的呼吸和复杂的化学反应，生发出天翻地覆的变化与无与伦比的口感。贸易数据显示，中亚每两张馕里就有一张是中国酵母发酵出来的。

在哈萨克斯坦，最出名的广告语是"中国酵母，发面就是快"。在乌兹别克斯坦，中国酵母的知名度与可口可乐、万宝路不相上下。

1996年的一次边贸活动，为中国一家酵母企业和中亚国家的贸易往来牵上了线搭上了桥。也正是在这次边贸活动中，国人才了解到中亚人对馕的钟爱。为了方便、低成本地将中国酵母出口到中亚市场，该企业将目光投向中亚地区与中国的最佳连接点——新疆，并最终落子于伊犁州的伊宁市。我国新疆制糖业发达，全疆约有14家糖厂，年产糖蜜量约25万吨，为酵母生产提供了充足的原料；当地丰富的煤、水、电等资源，又可降低酵母生产成本。物美价廉的中国酵母受到中亚老百姓的欢迎，销量也以年均10%的速度递增，占据中亚酵母市场一半以上的份额。

当中国酵母在哈萨克斯坦的面粉里发酵时，哈萨克斯坦的小麦也已经进驻中国的面包房。尽管中国小麦产量居世界首位，但一直以来，中国都是世界上最大的小麦进口国之一，特别是用于生产面包的强筋小麦绝大部分依赖进口。这倒不是说中国的小麦不行，只是因为中国传统种植的小麦多属于中筋，更适合做国人喜欢的馒头饺子，要做面包、做饼干就只能靠进口小麦。过去主要从澳大利亚、美国和加拿大进口，近年来，爱吃面包的中国人越来越多，高筋面粉的进口量越来越大。联合国商品贸易统计数据显示，中国从哈萨克斯坦进口的小麦不断激增，从2010年的4万吨快速增加到2014年的25万吨。

25万吨，对于哈萨克斯坦的小麦产量来说，并不是多大的数字。

哈萨克斯坦国内超过八成的土地生长着小麦，市场消费水平稳定在千万吨左右。虽然供大于求，但是产量起伏非常大：2011年产量2,690万吨，达到创历史纪录水平；2012年受到干旱天气影响，哈萨克斯坦百万公顷粮田受损，粮食总产量大幅下降，为1,450万吨左右。之所以产量不稳定，一个重要的原因就是农业技术落后，"靠天吃饭"程度较高。大部分地区，超过八成的收割机、拖拉机、播种机超期服役，性能极其低下，维护保养费用高昂。

在北部科斯塔奈州，因仓储能力有限，堆成山的粮食露天存储，任凭风吹日晒，鼠鸟偷食。但由于粮食收成不稳定，当地不太愿意新建粮仓，全国大多数粮仓建于20世纪六七十年代。

在广袤的中亚土地上，这样的故事已经上演了很多年。虽然中亚的地力、气候这些条件并不比中国差，粮食产量却只有中国平均水平的1/5。数据分析发现，整个中亚地区还有2,000万吨粮食的生产潜力没有挖掘出来，这相当于中国山

» 哈萨克斯坦粮食产量不稳定，一个重要的原因就是农业技术落后

东省的小麦产量。

"己欲立而立人，己欲达而达人。"中亚人吃馕和中国人吃面包都少不了面粉，于是一批中国人走出国门，帮助中亚国家提高粮食产能，成全彼此的美食。

为了把农机卖到哈萨克斯坦，山东的农机企业针对当地夏季炎热高温这个特点，对拖拉机整机进行了一系列的定向设计。比如，散热箱由原来的4排管变成双排管，增加了通风量，提高了散热效率，确保了整机的性能。为了彼此的信任，企业组织30多名技术和营销人员成立考察组，对当地市场进行考察，组织参加当地展会，还邀请当地的官员和经销商代表来实地考察。2015年，该企业出口哈萨克斯坦的2,600辆拖拉机的首批120辆顺利交付。

» 中国种子受到中亚人民欢迎

针对塔吉克斯坦的农业技术落后，河南的种业公司走出去，建立了全塔吉克斯坦唯一的种子实验室和种子生产线，并针对当地环境进行了改良和种植实验。第一批中国种子种下去，塔吉克斯坦农业实现了一季两熟。每年30,000吨的小麦、玉米种子，保障了当地粮食增收，给塔吉克斯坦带来几十亿人民币收入。

可以说，中国早已是全球农业开放程度最高的国家之一。自2004年由农产品净出口国转变为净进口国以来，中国目前已成为全球第一大农产品进口国和第二大农产品贸易国。当然，世界大宗农产品的议价权依然掌握在北美南美等主要农产品生产国手中，中国从"一带一路"沿线国家进口农产品数量也相对较少。值得注意的是，"一带一路"沿线国家的农业发展潜力非常大。根据测算，中南半岛的老挝、柬埔寨、缅甸只要在农业技术推广、农业基础设施建设方面加大一点投入力度，三国的大米出口潜力可以新增2,000万吨，而目前全球大米贸易量只有3,500万吨。

"一带一路"沿线既不缺乏丰

富的农业资源，也不缺乏发展所需的资金和技术，缺乏的是各国资源的互补。相信"一带一路"建设最终会形成一个开放、包容、普惠的经济合作，必将促进形成国际农业合作新格局、全球农业治理新秩序。这对提高"一带一路"乃至全球粮食安全和其他农产品的供给，都具有深远的意义。

» 中国企业帮助塔吉克斯坦实现粮食一年两熟

夏丹片语

你以为国家大宗粮食进口离我们的生活太远吗？那天台里的一个同事看到我们的节目就高兴地拉着我聊天。她说："我看你们节目里播的进口哈萨克斯坦的高筋面粉了，你知道吗？我就老买高筋面粉，因为我自己就在家做面包。"没错，你我的身边有很多这样心灵手巧的朋友，他们精心地料理着自己的生活，热爱着身边可以动手创造的美好。

1克黑胡椒与20,000亿生意：
食物从来不只是食物

从古至今，食物从来不只是食物这么简单。

早在古罗马帝国时期，黑胡椒被称为"黑黄金"，它价格昂贵，甚至一度被当作货币使用。罗马可能不是历史上第一个食用香料的国家，却是第一个批量生产香料的国家。为了5,000英里外的黑胡椒，罗马人在鼎盛时期一年派出120艘商船前往印度。可怕的是，从罗马乘船到印度西海岸要3年的时间，直到季风被航海家发现之后，这个时间才被缩短为1年。这一重大发现带来整个欧洲历史上第一个香料贸易繁盛时期。

在当时的欧洲，尤其是上流社会，大家都是以食肉为主。那时肉品保藏技术并不好，长时间放置的肉食味道令人难以下咽。但撒上胡椒粉末后，奇迹就这么出现了。所以当罗马人第一次尝到了胡椒的滋味以后，就深深地爱上了它，这种迷恋使胡椒粉成为欧洲人生活中不可或缺的东西。罗马时代欧洲最著名的、流传至今的一本烹调书中，有2/3的菜单提到了胡椒。

不得不说的是，即便当时香料供给是相对充足的，黑胡椒也远非平民老百姓可及。史料记载，当时市场上最便宜的黑胡椒每斤也要4古罗马便士，相当于一名罗马士兵半个月的工资。一斤上等的桂皮需要士兵6年的俸禄。后来，伴随着罗马帝国的衰败，这条香料之路中断了，黑胡椒价格翻了几十倍，巨大的利润空间激起了欧洲航海家一轮又一轮的大冒险。

一个有趣的记载：当葡萄牙航海家达伽马抵达印度后，他收集了一船的胡椒和肉桂踏上归途，这船货的价值相当于整个远征队两年来所有费用的60倍。此后的1511年，葡萄牙率先从印度尼西亚满载胡椒等名贵香料返回欧洲。随后，西班牙也加入到胡椒的抢夺中，与葡萄牙大打出手。在16世纪中期，英国也开始加入其中，并抢夺西班牙船队。到了17世纪初，有"海上马车夫"之称的荷兰将英国的势力从印度尼西亚排挤了出去。这段欧洲历史上，十字军的东征、美洲的发现等等重大事件中，都弥漫着胡椒那辛辣的味道。

无论黑胡椒在历史上扮演了怎样的角色：是诱惑人类自相残杀的刽子手，是引发地理大发现的功臣，还是勾连东西方文明的纽带，这一切都已过去。值得庆幸的是，香料贸易的垄断被打破，批量生产让黑胡椒成为经济作物。今天，墨西哥的辣椒现在多用在印度，发源于欧洲南部的茴香籽现在更多用在中国，印度的姜黄粉被大量用在北非的食物中，斯里兰卡肉桂被大量用在印度尼西亚……以黑胡椒为首的香料早已遍布全世界。

食物连接起"一带一路"沿线国家人民的厨房，食物的故事也在

"一带一路"上流传、激发、演变和传播。

面条究竟是中国人还是意大利人发明的？至今也没有答案。可以确定的是汉代面条就在中国中原地区繁荣兴盛。东至日本、韩国，西到意大利、西班牙，南至泰国、马来西亚，面条都是经由中国发展而去的。与面条相似的荞麦面、米面也在人类的智慧下发明出来。古人只是用他们那粗厚的大手将面团搓成细条，没承想，现在世界各地都能看到它们的影子。

在元代，一位中国商人突发奇想在冰中添加了一些蜜糖、牛奶和珍珠粉，于是世界上第一份冰激凌诞生了。13世纪，举世闻名的意大利探险家马可·波罗回到意大利，带回了中国的冰激凌制法。之后，冰激凌在欧洲传播开来，直到17世纪传入美洲大陆。

明代以后，中国人南下马来西亚，与当地人通婚，生下来的女孩被称作"娘惹"。娘惹运用东南亚丰富的香料，加上中式的烹饪手法，做出了独成体系的菜肴。最出名的叻沙，已是马来西亚饮食文化的代表，并流传到了新加坡、印度尼西亚和泰国。

如今，不出国门，"一带一路"沿线各国的特色美食都能端上桌。进口食品在中国国内也越来越常见，

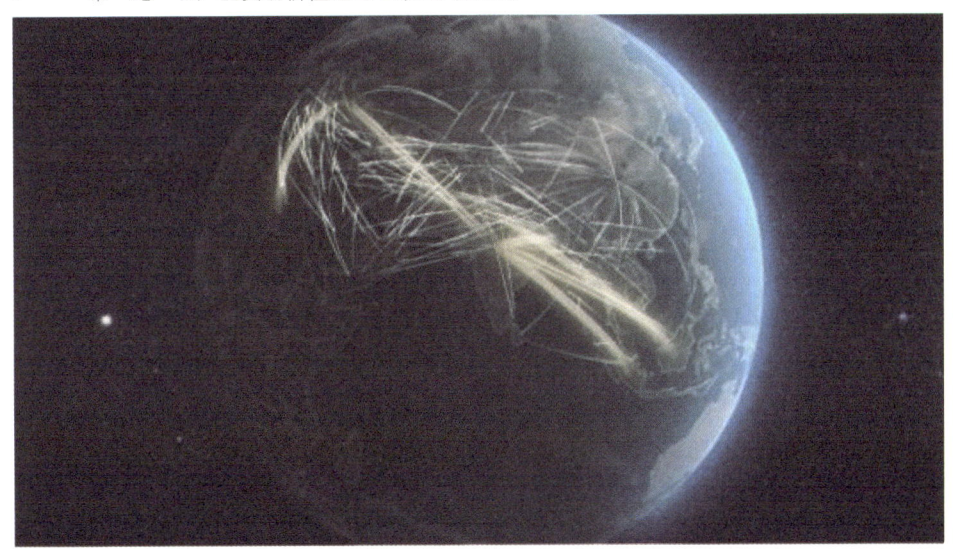

» "一带一路"农产品贸易价值超过 20,000 亿美元

消费者的购买方式也更加多样。土耳其无花果干、越南咖啡、泰国杧果干、斯里兰卡红茶，除了大型超市进口食品，网上的海外代购也越发常见。随着共建"一带一路"的推进，中国与沿线国家之间的美食互动也日益频繁。数据显示，2014年我国进口食品达482.4亿美元，10年间增长了4.2倍，年均增长率达17.6%。

中国农业部数据显示，2014年中国从"一带一路"沿线国家进口农产品的总额为228亿美元，占中国农产品进口总额的近两成；中国出口"一带一路"沿线国家和地区的农产品总额为210亿美元，占中国农产品出口总额的近三成。根据中国农业大学团队的测算，中国和"一带一路"沿线国家农业合作，种植业至少有5,000亿元的合作空间。2015年或将成为中国农业对外投资的元年，催生7,500亿元农业海外投资市场。

再看看整个"一带一路"广阔的市场。2014年，新加坡在购买中国蛋类产品上花了586万美元，成为"一带一路"沿线国家从中国进口蛋类最多的国家；全球超过2,000万游客造访马来西亚，八成的游客都会品尝当地特产花生酥，而这一年，马来西亚从中国进口了7,575吨花生仁；2014年，泰国从中国进口了6,926吨蜂蜜，这大约是24亿只蜜蜂酿造的。

"一带一路"沿线主要国家的农产品贸易总价值，在2013年已经超过20,000亿美元。随着越来越频繁的美食互动，每年还有数千亿的大生意在这里发生。

夏丹片语

您可能要问，"一带一路"的系列报道，为什么会有美食这样一个题材？但是当您看过节目，应该就能对食物本身所承载的话题有一个新的认识了。正如上面一段您刚刚读完的文字那样，蜂蜜、花生这些数据经过编导们的整理和计算，出现了生动有趣的表达，而背后的贸易数据也令人耳目一新。数说类的电视节目，正是因为把冰冷的数字变成了热气腾腾的表达，才在传媒圈里站住了脚跟。不信可以回去看看那段关于方便面、棕榈壳和灯泡的故事。

（黄蓉）

| 第 6 章 |

中国制造，走起

数说"一带一路"

你知道在"一带一路"沿线主要国家当中，各国民众印象最深刻的中国符号是什么吗？文化、美食、天安门、武术，还是其他的什么？每个人心中都有自己不同的答案。我们联合国家信息中心和亿赞普大数据公司，采用了"大数据"方法，通过各国民众在互联网上留下的各种痕迹，用模型来分析判断出他们的所思、所想。

48%，结果如此高比例的人选择了"中国制造"，排在第二和第三位的美食、文化，要落后至少10个百分点。

在全世界500种主要工业品中，中国有220多种产量全球第一。跟老百姓关系密切的手机、彩电有一半出自中国，而空调（80%）、冰箱（54%）、洗衣机（52%）、微波炉（78%）、数码相机（65%）、电脑（68%）等等，更是一半以上在中国生产。像咖啡机、吹风机、剃须刀、吸尘器等这些小家电，中国也支持了全球产能的46%。

没有"中国制造"，大家的生活会是什么样子呢？想想你就明白了，也难怪那么多人选择了"中国制造"作为最能代表中国的符号。

我们在这里并不是想说"中国制造"有多强大，而是带你一起寻找"中国制造"在"一带一路"沿线的足迹。

» "一带一路"沿线48%的人选择了"中国制造"作为印象最为深刻的中国符号

5 席：
中国手机在印度十强品牌中占半壁江山

根据海关的数据，在"一带一路"沿线主要国家当中，从中国进口手机最多的国家是印度，它每年直接从中国进口的手机数量超过3,000万部。中国手机在印度的口碑如何呢？

全球发行量最大的英文报纸之一、印度三大报之一的《印度时报》，2014年和2015年分别发布了有关手机的调查，调查结果显示，中国手机表现相当抢眼。在最受印度人欢迎的十大手机品牌中，中国的自主手机品牌占据了半壁江山，虽然在排名上还不如三星、诺基亚、苹果等手机品牌，但对于进入印度市场不久的中国品牌来说，已是相当不易。而占据市场主力的价位在3,000元人民币以下、最受印度人欢迎的手机有哪些呢？来自中国的新生代品牌"一加"手机以及中国华为公司的一款手机脱颖而出，占据了前两名的位置。*

中国的自主品牌手机为什么在印度如此受欢迎呢？我们先来看看印度手机市场的现状。

3,000元人民币以下价位的手机主导市场

在印度，我们很难看到像中国那样大型、集中的手机卖场，即使

» 在印度，卖手机的多是一个个小门脸，成规模的手机专卖店很少见

* 资料来源于
http://timesofindia.indiatimes.com。

在新德里和班加罗尔这样的核心城市，卖手机的也多是一个个的小门脸，成规模的手机专卖店特别少见。我们在走访中发现，在印度市场上几乎都是 30,000 卢比以下的手机，有统计说，这个价位的手机占据了印度将近 98% 的市场份额。30,000 卢比是个什么概念呢？按照 2015 年 10 月份的最新汇率折算，基本相当于 3,000 元人民币。其中，价位在 5,000 到 10,000 卢比，也就是 500 到 1,000 元人民币的手机占据了印度 70% 的市场份额。

印度智能手机市场潜力巨大

印度是一个人口大国、一个发展大国。这样一个国家，日用消费品的需求和升级换代意味着巨大的市场空间。如今的印度，有 9 亿多人拥有手机，然而智能手机只占到了总量的 45%。这个情况跟四五年前的中国类似，这也就是说，参照中国智能手机的普及速度，今后几年的时间里，光印度一个市场就至少需要 5 亿部以上的智能手机。而占了全球一半产量的中国，2014 年一年出口到印度的手机也才 3,000 多万部。市场潜力之大可想而知，世界各大手机品牌在印度寸土必争。

据不完全统计，如今印度有 150 多个各国品牌的手机在销售。中国强大制造能力的积累，会在一定程度上降低生产成本，然而要想获得印度手机用户的芳心，仅靠低价似乎还不够。中国的手机品牌何以胜出呢？

敬业的本土好员工 Malik

我们在印度见到了土生土长的 Malik 先生，他现在是 OPPO 手机公司印度分公司的一位研发主管，这个有着电信行业贸易 15 年从业经验的印度人，曾经担任过 LG、三星的印度区域代理商，由于工作原因，他以前就频繁来过中国 40 多次，对于中国各品牌在市场上的表现也有很深刻的了解。2014 年，Malik 来到中国手机公司工作，为这个品牌的手机进入印度市场立下汗马功劳。如今的 Malik 只要一有时间就会亲自到市场调研、到自己管辖的门店跟销售员工聊天，他给自己的任务就是听取用户对自己手机的建议和需求。在印度的小城镇和农村，很多人都喜欢用手机来放音乐，Malik 就对在这些地方销售

» 扬声器的改良，带来了部分手机超过 50% 的业绩增长

的主力手机型号的扬声器进行了改良，这一个小小的变化，带来的是这些地方超过 50% 的业绩增长。

像 Malik 这样敬业的印度当地员工，依靠自己的不断努力，给在印度销售的中国品牌，提供了很多好的本土化设计建议，这让本就物美价廉的中国手机更吸引当地人的眼球。

在印度也有一些地方比较落后，电力供应不稳定，偏远地区没有通电，所以也就有了这样一个新闻报道：一位老板拉着发电机，在印度乡下做着给人手机充电的生意。而一些有着独特节电技术的中国品牌，就抓住这个机遇，依靠手机的长时间续航能力，在印度的一些缺电地区赢得了很高的市场占有率。

印度本土品牌身上的中国基因

也许您还不知道，中国手机公司对印度市场能够如此快地了解并适应，还有一个重要原因。印度本国的手机加工厂很少，在印度市场销售的很多本土品牌手机，其实都是在中国代工生产的。

如今在印度市场上，本土品牌 Micomax 占据了龙头地位，它因为性价比高，超过了三星成为占印度市场份额第一的品牌。但不为外人所知的是，Micromax 从上市开始，包括研发环节，大部分都在中国制造，只是最终贴上了印度品牌的商标。像大家知道的金立手机，在自己做品牌之前，就为 Micromax 提供了 60% 的生产量，即使是现在，它的多数产能依然在广东完成,然后再回印度销售。

多年的合作,让国内的手机厂商们积累了丰富的印度市场发展经验,也正是这样的基因,很多厂商虽然进军印度时间不长,但却对印度的情况了如指掌。聘请大量当地销售员工,并根据当地的特色提供符合当地人口味的手机,让物美价廉的中国手机迅速得到认可。

全球知名市场研究公司 IDC 发布了 2015 年第二季度印度手机市场报告,中国手机品牌在印度的智能手机销量,同比翻了 3 倍,比一季度翻了 1 倍。

手机对当今人们生活的重要性不必多说,作为世界制造大国,2015 年上半年中国生产了 7.6 亿部手机,超过全球总产量的一半,其中近 90% 是智能手机。然而中国的智能手机市场已经接近饱和,根据 IDC 发布的报告,我国第二季度的智能手机销量,比去年同期缩水了一成,出现 6 年来最大幅度的萎缩,该公司还预测,中国智能手机市场 2015 年负增长几乎成定局。虽然上半年有 77% 的手机已经用来出口,但类似印度这样的潜力市场是每个品牌的必争之地。很多手机厂商也加快了海外建厂的步伐,依靠着丰富的制造经验、完整的产业链,以及辛苦积累起来的口碑,相信中国手机品牌会在全球竞争中,赢得越来越重要的位置。

» 2015 年上半年,中国生产了 7.6 亿部手机,超过全球总产量的一半(亮点代表手机产能分布)

夏丹片语

在印度的邻居巴基斯坦,智能手机的普及率几乎跟印度没有差别。大约不到五成的手机用户陆续把自己的机型更换成了我们手中这样的智能手机。但是在巴基斯坦,移动互联的时代还没有到来。因为2015年,那里的官方才开始向市场开放第一张4G牌照,而同时下发的还有几张3G牌照。这也就意味着那里的手机即使有3G和4G的功能,但还没有足够多和足够快的网络可以接入。而这并不妨碍巴基斯坦的新新人类开始在移动互联的新大陆上创业。很多互联网公司已经开始向移动互联转型,也设计出了自己国家特有的APP。也许在这里,你还有机会成为巴基斯坦马云,或者去印度成为马化腾。

4吨:
谁给自己准备的生日礼物如此"重"?

4吨,到底是什么样的生日礼物会如此"重"呢?我们有幸于2015年9月1日在位于北京的卫星研制地——中国空间技术研究院,见到了它的庐山真面目——不错,它就是图上的这颗卫星,冠名"老挝一号"。

» 位于紧缩试验场内的"老挝一号"卫星

2015年12月2日，老挝人民民主共和国迎来第40个国庆日。在40岁生日的时候，这个国家把这颗通信卫星作为礼物送给自己和全国的老百姓。"老挝一号"卫星是老挝拥有的第一颗卫星，这也就意味着，在"老挝一号"卫星发挥作用之前，很多需要卫星来完成的事情就做不了。比如说，700万老挝人看电视，一直都只能靠地面的有线系统，光缆到不了的地方，人们就看不到电视，这无疑在一定程度上影响了人们的生活质量。这颗由中国制造的卫星已经于11月21日成功发射升空，上面搭载的22路转发器，可以在光纤、手机信号达不到的地方提供应急通信，还能同时播出60—80套电视节目。老挝40周年国庆的时候，人们看到的庆祝活动的电视转播，或许就是由"老挝一号"卫星来完成的。

亚洲最大紧缩试验场

在"老挝一号"卫星发射之前，要进行4次大型的地面试验。有的是要把卫星放在振动台上，模拟发射阶段火箭推进加速情况下产生的剧烈振动，看卫星能不能经受住这样的冲击；有的是把卫星放在一个模拟太空热环境的大罐子里，看看从-170℃到170℃的极端冷热环境下，卫星能不能正常工作。可以说，在上天前，卫星也是历经了"千锤百炼"。

2015年9月1日，我们有幸亲历了"老挝一号"卫星的最后一次大型地面试验——紧缩场试验。在位于中国空间技术研究院的亚洲最大的紧缩试验场内，"老挝一号"卫星在十几名工作人员的护送下，被吊装并安置在悬架上开始接受"大考"。大考是怎么进行的呢？

在紧缩试验场这个巨大的密闭空间当中，模拟出了卫星在空间的电磁环境，可以检测卫星上的天线和转发器能否正常接收和传输信号。试验场的四周，包括墙壁和地面都是一些突起，每个突起大约高

» 紧缩试验场密闭空间，墙壁和地面都是一些多面锥形的突起

30厘米左右,用手摸起来有些像海绵,看起来呈现一个多面的锥形,这样的形状,是为了能够增加信号反射的面积,也是为了让整个环境最大限度接近于太空。

这一次"大考"过后,科研人员还要对卫星进行一系列严格的地面测试,这就好像是对卫星进行反复体检,确保它的"健康状况"良好后才能放行。"老挝一号"卫星由我国的"长征三号乙"运载火箭在西昌卫星发射中心发射。随着卫星的发射,老挝人民就能够享受到现代航天技术带来的新生活。

卫星采用全新平台,寿命更长

"老挝一号"这颗4吨重的卫星,在卫星家族里算是中等个头,这是按照老挝的通信和电视转播的实际需求量身定制的,性价比非常高。"老挝一号"一对大耳朵一样的东西,每一个直径就有2米多,这是通信卫星独有的标志,也就是通信天线。"老挝一号"卫星的总设计师李峰告诉我们,卫星用的是新一代的"东方红4S"卫星平台。新平台上有不少"闪光点"。

比方说,卫星上有一套自主故障检测系统,这就好像出门旅行带上了"私人医生",卫星在太空上"生病"了,也能随时治疗。比如说,这是首颗利用国产锂电池的商用卫星,这个锂电池的重量减轻了一半。再比如说,"老挝一号"卫星采用的是全新的星载综合电子系统,把原来的20多台设备集成到目前的4台设备,这一项就能给卫星减重60公斤。您可别小看节省下来的这个重量,这意味着卫星能搭载更多的功能性设备,或者装更多的燃料,这么多的燃料足以延长卫星两年的寿命,绝对是物超所值。

老挝从中国购买的不只是卫星

中国的卫星不光物美价廉,而且还能提供更多的其他服务。2015年9月,我们在老挝的首都万象看到了刚刚建成的卫星地面接收站,它就位于湄公河边。这个地面站的建设主要是由中国工程师完成的。

"老挝一号"卫星的覆盖范围可不仅仅只是老挝那么大,据相关人员透露,它的信号甚至能够覆盖到北京。不过,这颗卫星的主要覆盖范围,是包括老挝及湄公河流域在内的东南亚和南亚地区。

» 湄公河边的卫星地面接收站

卫星发射后，老挝政府和中国亚太公司还将成立合资公司，以老挝市场为切入点，来开拓湄公河次区域地区的卫星广播电视和通信市场，并提供通信网络系统集成和信息传输服务，包括卫星电视广播、远程医疗、远程教育、政府应急通信等服务。通过这一重大合作项目的实施，老挝将拥有独立自主的通信卫星空间段、测控段、地面段和应用段，拥有本国的卫星通信工业。这不但给当地百姓生活带来质的变化，同样也会对这个国家的经济发展起到很好的带动作用。

2012年，中国拿到了"老挝一号"的订单，不仅是研制、发射，就连建地面站和人员培训，都是由中国的航天技术人员来完成。能拿下这样的订单，与我国航天技术的高可靠性密不可分。从2008年至今，"东方红"系列卫星保持着100%的发射成功率。目前中国的卫星销往了6个国家，除了老挝以外，出口到巴基斯坦、委内瑞拉、玻利维亚、尼日利亚等几个国家的卫星已经在人们头顶几千公里的轨道上运行，而白俄罗斯购买的卫星正在中国加紧制造。今后，全世界会有更多的人分享到"中国制造"的卫星带来的便利。

> **夏丹片语**
>
> 老挝的第一个卫星地面站就建在湄公河畔，那其实是多年以前法国人在河边修建的烂尾楼。直到中国人来了，才翻新成了今天高大上的形象。河边留下了一座古老的寺庙，僧人们在这个人烟稀少的去处，接待偶尔到访的信徒。河对岸是泰国，也就是我们刚刚坐飞机告别的那个国家，却不期又在咫尺之遥重逢。而这里居然也是老挝的首都——万象。没有见过哪个国家像这里，把首都建在了两国的边境线上。我们来到老挝北部的琅勃拉邦，看到了那段迁都的历史。老挝的国王在这座城市被推翻了政权，国家的首都也就此变迁。遍布城市的寺庙在这里还保持着古旧的模样，丝毫没有受到政坛风波的影响，就像这里信奉神明的百姓一样，安详地接受岁月赠予的痕迹。

50 列：
中国动车对马来西亚的改变

2010年7月，中国中车株洲电力机车有限公司与马来西亚交通部签署228列城际动车采购大单，这是当时我国最大的电动动车出口订单，也是中国自主研制的高端城际动车首次批量出口订单。也正是从那时开始，动车成为联系中国和马来西亚的一座重要桥梁。2011年9月，我国首批出口马来西亚的城际动车组在上海罗泾码头正式装载起航，中国动车组正式走进了马来西亚人民的生活。现如今，已经交付的50多列中国制造的动车组在马来西亚各条线路上载客运营，而在干线上，已经有80%的载客量由中国动车组在承担。

米轨上最快的动车中国造

马来西亚吉隆坡火车站历史悠久，被誉为世界上最漂亮的火车站之一。从这里出发的列车，可以抵达马来半岛的任何一个市镇。如今，每天清晨开始，马来西亚的人们走上站台，等待着中国制造的列车送

» 中国制造的动车组在马来西亚各条线路上载客运营

来的高速与便捷。

中国在 2014 年底出口到马来西亚的动车,最高可以跑出 160 公里的时速。可能不少人会有疑问,中国的高铁速度轻轻松松就能突破每小时 300 公里,为什么给马来西亚准备的车组只能跑出 160 公里呢?

还是在吉隆坡火车站,我们找到了答案。我们发现马来西亚的轨道跟国内有所不同:马来西亚的轨道叫米轨,也就是轨距为 1 米的铁轨,而我们中国的铁轨采用的是国际铁路协会在 1937 年制定的 1.435 米的标准轨距。这也就是说,马来西亚的轨距比中国的轨距窄了近 1/3。可别小看了这 1/3,轨距越窄,对列车运行的平稳性、转向架设计和车体强度等方面要求就越高。而来自中国的动车组,能跑出 160 公里的时速,已经是米轨上的世界运营最高速度。

中国动车带给马来西亚的不只是高速

在距离吉隆坡市中心两个小时车程的地方,坐落着中国中车株机的东盟制造中心。走进厂房,我们见到了马来西亚小伙儿阿立夫,他正带着自己的团队参与一列中国动车的组装。阿立夫从小就有一个梦想——成为火车工业的一名工程师。一年前，他得到了到中国接受相关技能培训的机会。他说培训期间学到很多东西，尤其是中国工人的勤奋和吃苦耐劳，让他获益匪浅。经过不懈努力，阿立夫很快就从一名普通技师晋升为高级技师，距离他的工程师梦又近了一步。阿立夫只是众多马来西亚有火车梦的青年当中的一个。东盟制造中心经过两年多的建设，终于在2015年投产，这里的员工90%以上都来自马来西亚本土。这也让很多当地人不仅有了个人理想，也对国家的火车工业前景满怀憧憬。

穆罕默德在中国和马来西亚签订动车出口协议后，曾作为马方代表来中国株洲担任驻地工程师，主要任务是监控部分列车的生产过程。在3个多月的工作中，这个有着远大理想的年轻人通过接触中国的制造工业，对列车制造有了重新认识，为了能学到更多东西，他毅然辞职来到东盟制造中心工作。穆罕默德坦言，有这么好的机会学习，通过他们这一代的努力，掌握列车的制造技术，希望马来西亚早日拥有真正属于自己的列车制造工业。

» 中国中车株机东盟制造中心

2015年的10月，以穆罕默德和阿立夫为代表的马来西亚人亲手组装的第一列中国动车组完成了，这是他们梦想的开始。来自中国的动车企业，给马来西亚带去的不仅是就业和经济发展，一系列配套产业的涌现以及对当地高端装备制造产业的促进，对马来西亚有着更加深远的意义。

» 中国列车整车出口到全球 65 个国家和地区

中国列车已经奔跑在全球 65 个国家和地区

我们来看一个国家和地区名单（2015 年 10 月）：

亚洲 25 个：土耳其、格鲁吉亚、蒙古国、乌兹别克斯坦、土库曼斯坦、哈萨克斯坦、柬埔寨、孟加拉国、阿联酋、叙利亚、伊拉克、印度、沙特阿拉伯、朝鲜、新加坡、巴基斯坦、斯里兰卡、泰国、马来西亚、伊朗、越南、缅甸、韩国、菲律宾、中国香港。

非洲 26 个：安哥拉、阿尔巴尼亚、阿尔及利亚、摩洛哥、利比亚、突尼斯、斯威士兰、毛里塔尼亚、博茨瓦纳、莫桑比克、坦桑尼亚、几内亚、加蓬、津巴布韦、南非、尼日利亚、马达加斯加、刚果（金）、喀麦隆、塞拉利昂、赞比亚、纳米比亚、苏丹、利比里亚、埃塞俄比亚、埃及。

欧洲 5 个：马其顿、白俄罗斯、德国、波兰、爱沙尼亚。

北美洲 1 个：美国。

南美洲 5 个：哥伦比亚、巴西、阿根廷、委内瑞拉、古巴。

大洋洲 3 个：新西兰、澳大利亚、萨摩亚。

这是中国列车全球出口的统计情况，包括动车组、地铁、内燃机车、电力机车、货车等各种列车产品，它们已经整车出口到全球 65 个国家和地区，其中超过一半都在"一带一路"沿线。最值得一提的是，2015年10月，随着一辆动车组运抵马其顿，中国制造的"动车组"终于敲开了欧洲国家的大门。作为列车最高制造水平代表的动车组，能够打动欧洲人，显示出中国制造的高端装备已经具备了足够强的实力。

> **夏丹片语**
>
> 当我们离开雅加达的时候，印度尼西亚正要迎来中日两国对印度尼西亚投标高铁项目的决胜时刻。当地的华文报纸详细地描述了两国高铁在价格、技术和贷款优惠上给印度尼西亚的不同条件对比。我们在节目里可以看到，东南亚地区是"一带一路"沿线基础设施建设的洼地。而像印度尼西亚和马来西亚这样的东南亚国家，国土狭长，交通不便，特别需要高速铁路的建设和运行。这也难怪高铁和新干线在这里寸土必争。

7.9%：
工厂走了，GDP依然跑赢全国

2015年8月底的一天，我站在一个叫作"诺基亚"的公交站牌前，思绪万千。从这里步行200米，就能到达"诺基亚"公司曾经在中国最大的制造厂。如今站牌还在，这家工厂却已经成为了历史。

现在的东莞诺基亚工厂已经大门紧闭，或许只有楼上的微软标志，还能让人们记起2014年，诺基亚被微软收购的故事。因为战略调整，微软公司将旗下的诺基亚东莞工厂关闭，而将大部分设备搬到了新成立的诺基亚越南工厂，这也成为近几年一些劳动密集型企业纷纷搬离"制造业之都"东莞的一个缩影。随着制造业的转型升级以及劳动力成本的上升，劳动密集型的制造企业，已经很难在东莞找到合适的发展空间，很多企业选择缩小生产规模，或者迁往东南亚以及南亚等更适合它们的"一带一路"沿线国家和地区。

» 东莞诺基亚工厂大门紧闭，只有楼上的微软标志还能让人们记起往事

孟加拉国工业园里的鞋厂来自中国东莞

在孟加拉国吉大港的一个工业园里，有一家大型的以生产登山鞋、防静电鞋等为主的工厂，这里是世界上最大的"工作鞋"厂房之一。在车间里，我们发现这些制鞋的机器上写着"中国东莞制造"。负责人告诉我们，这家鞋厂最早是在东莞成立并开工生产，后来辗转带着工人和设备来到了这里。

由于孟加拉国的制造业水平还处于比较初级的阶段，他们希望引进一些比较成熟的企业，来带动产业的发展，这样不但能促进经济发展，还能解决不少就业。而对于来自中国的企业，孟加拉国则给它们提供了很多国内没有的优惠政策，而且这里招工容易、成本也比较低。举个例子，这家工厂的工人每个月可以拿到至少100美元的工资，也就是600多人民币，听起来似乎不

» 孟加拉国吉大港工业园里基本都是从其他国家迁来的企业

多，但这在孟加拉国已经算是高工资，比当地平均工资水平高了20%。

在孟加拉国吉大港的这个工业园里，基本都是从其他国家迁来的企业。除了鞋厂，还有服装、家具、户外用品等生产企业，它们有一个共同的特点——都是劳动密集型产业，都需要大量的工人。而来到这里的企业家们也都感叹，这里是办工厂的完美地点。

不过，从中国搬来这里的企业也感受到了限制自己发展的地方。比方说，由于孟加拉国的制造业发展水平较为滞后，现在依然没能形成完整的产业链，就拿鞋厂里用的高档鞋盒来说，在当地就生产不出来，企业只能选择从中国内地运过去，这样算下来，一个鞋盒的运费已经比它本身的制造成本还要高。等待孟加拉国慢慢发展自己的相关配套产业，对于这些企业来说，似乎并不现实，他们也希望有一天，更多配套的企业将业务从中国内地发展到这里。

工厂搬走了，东莞留下了什么？

鞋厂老板老何5年前就已经将工厂迁到了柬埔寨。5年来，他还是有一半的时间在东莞度过。两边跑很辛苦，但老何不得不这样做。老何的主要工作有两项：一是逛商场，二是转原材料市场。老何的工厂主要生产女鞋，对款式和舒适性要求都非常高，需要不断推出新产品来吸引客户。东莞的商场里几乎能见到最全、最前卫的款式，材料市场上有最充足、最新颖的货源。产业任何环节的任何需要，都能在这里找到，而且这里有顶尖的设计团队。老何决定把公司总部和研发中心这两个最核心的部门迁回东莞。

不仅是鞋业，包括服装、玩具、家具、电子产品等在内的东莞八大支柱产业，在这里都已经形成了完备的生产链条。而东莞强大

» 东莞的商场可以见到最全、最前卫的鞋款

» 东莞原材料市场有最充足、最新颖的货源

GDP依然跑赢全国均值，东莞经济新活力靠什么？

部分企业搬离东莞，也让经济遭遇阵痛，东莞的GDP增速在前几年连续下降，2012年达到6.1%的低水平。然而近3年，这个趋势明显好转，经济增速连续跑赢全国平均水平。就在2015年前3个季度，东莞以7.9%的数据超过全国6.9%的速度。

东莞经济的新活力来自哪里呢？我们发现，很多闲置下来的厂房经过改造，如今成为了创业者的乐园。东莞近些年兴起了设计潮，

的物流业也保证了公司无论需要什么，都能第一时间送达他们在国外的生产厂。

» 2010—2015年东莞和全国GDP增速曲线图

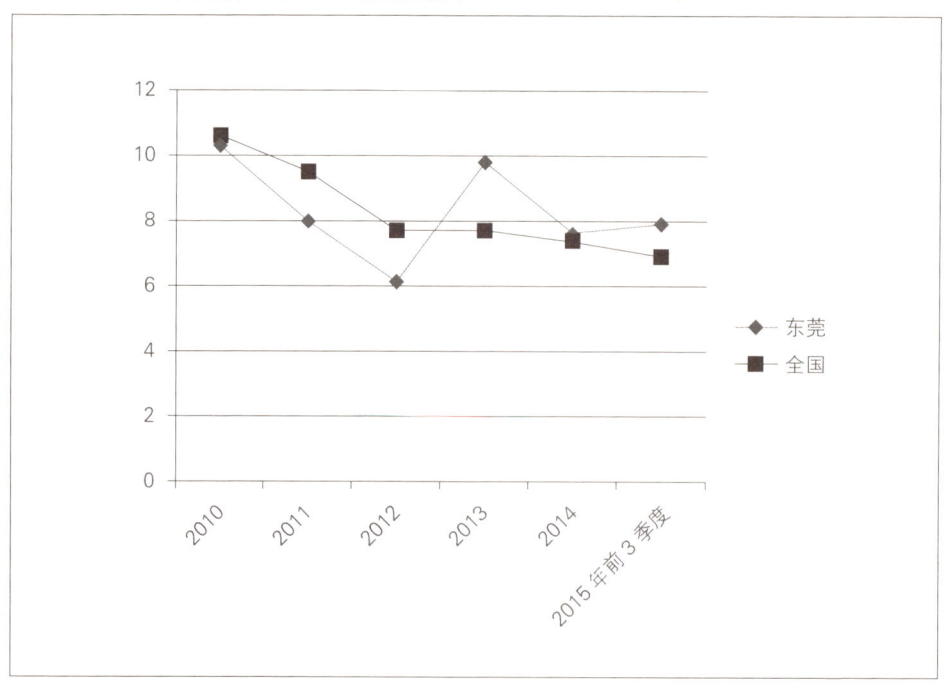

他们依托东莞的制造业资源，为相关的企业提供定制服务，有了这些人，东莞制造产品的设计感和技术含量大大增强。

在这个氛围的影响下，一些制造业的企业主也纷纷转型。陈女士就是这其中的一位，她在制造行业里摸爬滚打了10年，不仅熟悉了行业，还积累了人脉，不过她也发现传统制造业已经不是东莞的发展方向。陈女士敏锐地发现，在越来越强调个性化需求的现在，客户需求、企业产品很难有机结合，而很多好的创意由于各种原因又无法变现。基于这个现实情况，她2014年创办了自己的3D打印平台，通过平台将三者通过网络聚在了一起，大家各取所需。一年的时间里，这个平台的业务量大幅增长，一些厂家也通过平台主动寻找到适合自己的创意。像有一个做充电器的企业，就花很少的钱，寻找到一个好创意，结果产品落地以后，几个月时间就卖了十几万件。

在一个"创客联盟"的墙上，我们看到了这样的文字："'不可能'我们的理解是'不，可能'"。这是对"创客"精神的最好写照，也是如今东莞前行的动力。

» 一个"创客联盟"的墙上写着："不可能"我们的理解是"不，可能"

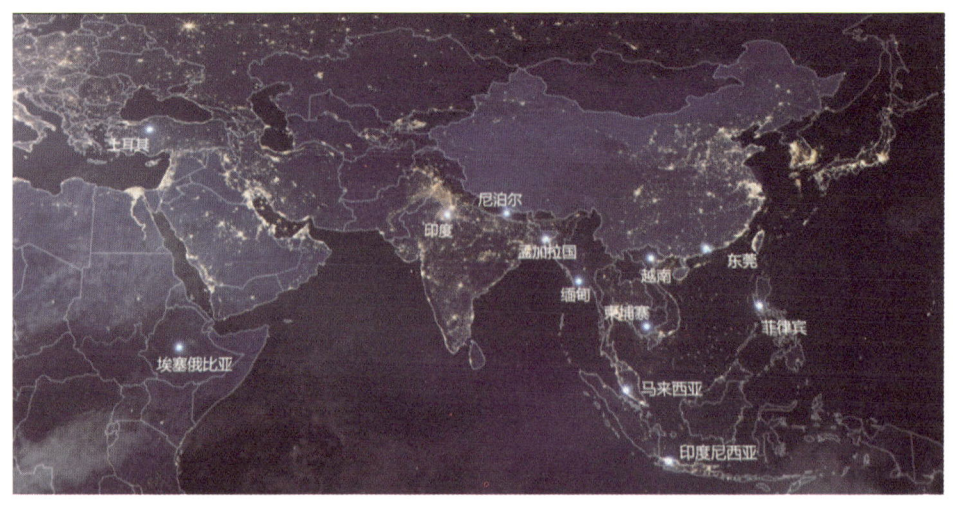

» 东莞一部分劳动密集型产业向其他国家和地区转移

作为中国制造转型的样本，东莞的劳动密集型产业一部分自身在进行着换代升级，像电信行业的机器换人、玩具行业的高电子技术含量等等。而另一部分则是慢慢向其他的国家和地区转移，比如我们刚刚在埃塞俄比亚建起了世界上最大的鞋厂之一，光员工就近万人；比如很多名牌服装的代工厂已经从东莞开到了孟加拉国；比如很多箱包企业在菲律宾、印度尼西亚等国开起了分厂。

而在整个东莞，当一些劳动密集型制造企业从这里离开的时候，东莞人又在缔造另一个版本，不过这一次，东莞人希望能把制造的"制"换成智慧的"智"。

夏丹片语

在孟加拉国东山再起的这家中国台湾企业令人印象深刻。过去的 20 年里，家族的成员，从父亲到儿子，从堂兄到表弟，跟随着家族企业，从台湾搬到东莞，再从东莞搬到孟加拉国。他们工厂里最早的设备是中国台湾制造，最新的设备是 2015 年中国广东制造。这里还有几十个从东莞带过来的大陆员工，他们带着数以千计的孟加拉国工人，正在开创这个国家历史上从未有过的制造业之梦。

（李斌）

数说 "一带一路"
A DATA-BASED EXPLANATION OF ONE BELT ONE ROAD

| 第 7 章 |

文化的旅行

文化之间的浸染和融合，看似无形，却往往借助有形的媒介才能实现。

时光倒流 2,060 余年，当恺撒大帝身穿来自西汉的丝绸，出现在古罗马帝国的庆功仪式上，这种来自东方的奢侈品一夜席卷亚平宁半岛，逐渐开始改写古罗马乃至周边各国的时尚文化；丝绸之路也不仅仅只是商贸之路，更是连接欧亚大陆的文明之路；如今，每年将近 10,000 吨的蚕丝从中国运往印度、价值 2.4 亿美元的丝制品运往巴基斯坦、价值 810 万美元的丝绸运往伊朗，成为纱丽、巴袍和精美的波斯地毯，丝绸卷起的服饰和装饰文化之风，依旧吹拂在丝路沿线。

自从产自中国唐朝的第一批茶叶通过海、陆运往西域、朝鲜半岛和日本，一千多年来，茶叶已经旅行到了全球每个有人类居住的角落，并且落地生根，让英国学者麦克法兰发出了"茶叶改变了一切"的感叹。如今全中国的茶园，每年依旧为全世界贡献 30 万吨左右的茶叶，这些来自东方的神奇的叶子，不仅成为北非摩洛哥人"身体的一半"，也让土耳其人找到了最值得消磨时光的爱好。

到了今天，丝绸之路和海上丝绸之路沿线的文化交融越来越与时俱进，纷繁多样的文化产品不断出现，正在打破语言和文化的界限，丰富不同种族不同肤色的人们的心灵。它们是什么？书籍？电影？音乐？甚至网游？

跟随我们一起，来一趟文化的旅行吧！

15 亿美元：
从未停歇的中国丝绸

2015 年 6 月 25 日，浙江湖州太湖边一个名叫钱山漾的古村落被认定为世界丝绸的发源地。其实早在 1956 年和 1958 年，考古学家就对遗址进行了两次发掘，发现了绸片、丝带等许多尚未碳化的丝麻织物。经当时的浙江丝绸工学院、上海纺织科学研究院

» 浙江湖州钱山漾遗址，如今已经回填为农田

切片检测，这些织物被判定距今已有 4,200 至 4,400 年，是世界上迄今发现的最早的家蚕丝织品。

就在不久前，从钱山漾选出的两件精美丝织品，沿着古丝绸之路，穿越亚欧大陆，抵达了世界时尚之都——意大利米兰的世博会中国馆。

在这条以丝绸命名的流通之路上，丝绸的贸易已经延续了 2,000 多年。丝路上那些被不断发现的丝帛遗迹都在述说着这些来自东方的神秘织物历史的古老和悠久。早在两千多年以前，中国就在以绝对的输出者身份，将丝绸运往全世界，而直到今天，中国仍然在扮演着这一角色。

根据世界贸易组织给出的数据，我们发现，中国 2014 年向全世界出口丝绸的总贸易额度超过了 15 亿美元，仍然在满足全球接近 80% 以上的丝绸需求。其中，更是有一半以上的贸易合作来自印度、巴基斯坦、阿联酋、越南、罗马尼亚等"一带一路"沿线国家。

全世界丝绸消耗量最大的国家当属印度。作为世界第二大丝绸生产国，印度虽然生产了全球近 20% 份额的丝绸，但是这些丝绸尚不能满足国内消费，而且缺口高达 10,000 吨左右。2014 年，中国出口丝绸的 40% 都销往了印度，这些以原料为主的丝绸，在印度的丝织加工厂里被加工成富有本国风情的精致服饰。

通过大数据抓取印地语、英语"丝绸"的关联词，我们发现，相关热度最高的就是南亚女性最为钟爱的纱丽。这种不依靠针线，仅用巧妙的缠法就可以在身体上裹成裙袍的服饰，在印度、巴基斯坦和

» 深受南亚女性喜爱的纱丽

孟加拉国，都是靓丽的风景，而丝制纱丽则是纱丽中最好的。本国的高需求，正是印度丝绸消耗的主要动力。作为人口大国，印度的服装消费潜力正在快速体现出来。同时，根据2011—2014年连续4年的中国纺织品行业报告，印度服装产业出口量每年以20%以上的速度激增，在国际上的竞争力正逐年攀升。

» 巴基斯坦阿扎姆纺织批发市场面料商瓦瑟姆

在印度的邻邦巴基斯坦，纺织加工业也同样在中国丝绸的充分供给下快速成长。在巴基斯坦的文化中心拉合尔，坐落着亚洲最大的穆斯林服装批发市场——阿扎姆纺织批发市场。今年35岁的瓦瑟姆是一名面料商，从小就跟着父亲一起做丝绸生意，这几年，瓦瑟姆的生意跟中国的关系越来越紧密。瓦瑟姆说，他们从中国买来丝绸布料，然后刺绣装饰好图案，而刺绣的机器也都是从中国进口的。

"在这里，一件丝制穆斯林长袍可以卖到2,000卢比，但是生产商制作它，只需要消耗价值200卢比的从中国进口的中国丝绸原料。"

» 主持人欧阳夏丹在孟加拉国入乡随俗穿上纱丽

» 中国国内的人均丝绸消费量仅为9克，相当于一块丝绸手帕的重量

阿扎姆纺织批发市场经理沙迪克告诉我们。在阿扎姆市场，加工生产成品环节的利润，已经远超原料价格，成为产业成长的有效推动力，如今，几乎所有中东、非洲以及印度、东南亚，甚至中国新疆的穆斯林客商都会到这里来批发服装。沙迪克说，他们希望从中国进口越来越多的丝绸，形成源源不断的贸易链条。

然而，根据大数据的统计，中国人自己对于丝绸的认同和使用，却和丝绸出口的繁荣景象，呈现截然相反的现象：中国国内的人均丝绸消费量仅为9克，相当于一块丝绸手帕的重量，这不仅与瑞士的人均70克、日本的人均217克相差甚远，甚至与全世界72亿人的人均丝绸消费量55克（相当于一件真丝上衣）的水平相比，也显得太低。虽然根据中国丝绸行业2015年的最新行业报告，我国国内丝绸消费水平正在逐渐上升，但消费年龄层大多集中在35岁以上。这也意味着，作为一个几千年来一直向世界输出丝绸文化的国家，我们自己的新生代，也需要更为透彻地了解和喜爱这种历史悠久的织物。

夏丹片语

在节目里，当我从迪拜的沙漠里穿越到孟加拉国的吉大港海滩，身上瞬间披好了一条华丽的孟加拉国传统服饰——纱丽。镜头里这个过程还不到1秒，而实际上，当摄制组拿着5米长的纱丽站到海滩上的时候，大家都不知道该如何对付它。上网查找穿着方法，比画之后宣告失败。傻傻地站了几分钟，好心的当地司机拉着我们来到了沙滩上的一把阳伞下，几位孟加拉国大姐正在这里聊天休闲。一看到我们手中的纱丽，大姐们几乎是异口同声地惊呼起来。她们是有多爱纱丽啊。几位大姐还郑重其事地推举一位代表，煞有介事地帮我把纱丽从腰上开始，裹成了包身的长裙，瞬间感觉自己成了T台模特。片子都不要拍了，先拍照留影。

60 亿美元：
茶叶的旅行

如果说一种植物从原生地迁移到另外一地算是旅行的话，茶叶大概是世界上旅行最远的植物之一。

茶叶原产于中国，中国人是最早开始饮茶的人。我们现在能看到的最早人工种植茶叶的遗址是浙江余姚的田螺山。即使从那个时候开始算起，中国人喝茶也已经有 6,000 多年的历史了。而世界上其他地方的人认识茶叶迟了 4,000 年——当起始于中国的丝绸之路和海上丝绸之路走通之后，茶叶才开始了它的世界之旅。

从 15 种发音探寻 "茶" 旅行的踪迹

广东和福建厦门是中国最早运出茶叶的口岸，从那里出发后，茶叶都旅行到了哪些国家和地区呢？尽管古代的贸易路线已经难以查证，我们今天却能从世界各地对"茶"的读音上，寻访到它当初旅行的踪迹。

我们选取了"一带一路"沿线 15 个国家，对各地"茶"的发音进行调查，发现了一个有趣的现象："茶"在泰语里的发音是 chaa，在尼泊尔语里的发音是 ciyā，在孟加拉语里的发音是 cā，在土耳其语里

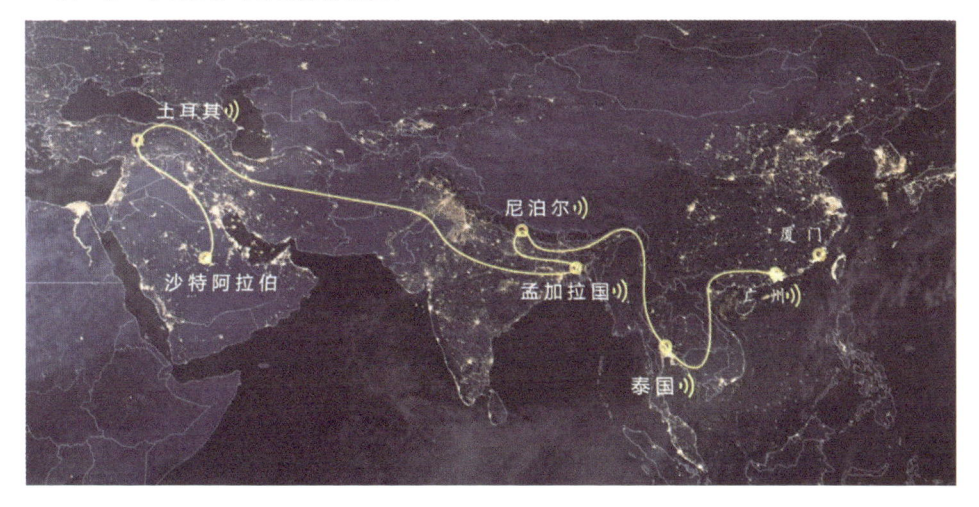

» 从"茶"字发音探寻茶的旅行轨迹 1

» 从"茶"字发音探寻茶的旅行轨迹 2

的发音是 cay，在阿拉伯语里的发音为 shāy，在阿尔巴尼亚语里的发音是 caj，在俄语里的发音是 chai。这些发音非常接近，而且跟中国广东话里"茶"字的发音极为相似。从源头广东开始，我们可以沿着这些国家，画出一条贯通亚欧大陆东西的茶叶旅行路线。

而在另一条路线上，"茶"的发音是这样的：马来西亚读 teh，印度尼西亚同样读 teh，在亚美尼亚语中读 t'ey，而在拉脱维亚、冰岛等地则读 te。这些类似的发音，则来源于福建方言中"茶"的发音——te。以厦门口岸为起点，我们同样也能画出另一条通往欧洲的茶叶旅行路线。

斯里兰卡——红茶的第二故乡

两千多年过去了，当我们把视角抬高到全球，会发现茶叶的迁徙早已从远古的单向流动变成了多向的交换。中国不再是茶叶出口的唯一起点，茶叶落地生根的许多国家都成为了重要的茶叶出口国。如果不是通过大数据，或许我们很难相信——世界上出口茶叶最多的国家是印度洋上的岛国斯里兰卡，而不是茶叶的原产国中国。

茶最早由英国人从中国带入斯里兰卡开始种植。今天，斯里兰卡已经成为全世界最高品质红茶的产地，名气远超中国红茶。过去 3 年，斯里兰卡向全世界共出口了价值 60

亿美元的茶叶。出口量排在第二名的中国，同期出口额只有45亿美元。

每年，大约30万吨红茶从斯里兰卡运往全球148个国家，而这30万吨中有25万吨是被"一带一路"沿线国家喝掉的。土耳其和俄罗斯每年都要喝掉超过4万吨斯里兰卡红茶，伊朗、伊拉克和阿联酋每年要喝掉2—3万吨斯里兰卡红茶。现在，中国人也成了斯里兰卡红茶的消费大户，仅去年一年，中国人就喝掉了6,100吨来自斯里兰卡的红茶，如果用500克包装的红茶盒一个个排起来，可以从北京排到上海。

» "一带一路"沿线许多水果名称的发音也传到了汉语当中

60亿美元茶叶的迁徙

正是因为如今全世界有这么多喜爱喝茶的人，茶叶的全球贸易量成为了一个巨大的数字。我们通过大数据搜集了从2011年到2014年全球茶叶流动的所有数据。过去4年里，全球奔跑着价值超过230亿美元的茶叶，平均每年约60亿美元。

60亿美元的茶叶，相当于150多万吨重的茶叶，这些茶叶可以装满32艘泰坦尼克号那么大的船。它们都去向了哪里呢？大数据挖掘出了全球所有国家的茶叶进口量，我们进行统计排序后发现：全球最大的茶叶进口国，是丝绸之路北边的俄罗斯。这个热爱红茶的国家，最近几年每年进口价值近5亿美元的茶叶。大概在漫长的冬日里，俄罗斯人特别需要借由一杯滚烫的红茶来获取温暖吧。进口茶叶量紧跟俄罗斯之后的是美国和英国，每年要进口4亿多美元的茶叶。再接下来就是"一带一路"沿线的两个国家——巴基斯坦和埃及，每年都进口3亿多美元的茶叶。

尽管俄罗斯、美国、英国、巴基斯坦和埃及占据了茶叶进口量的前5名，但最爱喝茶的国家并不是它们之中的任何一个，也不是茶叶的原产国中国，而是土耳其。目前，土耳其人的喝茶数量已位居世界第一，每人年均喝茶1,250杯，全土耳其每天消费高达2.45亿杯。这样算下来，土耳其人每年喝茶要喝掉一个西湖的水。如果你去土耳其旅行，会惊讶地发现：街头三步五步就有一个茶馆；小店的店主们在闲暇时最喜欢端着一杯红茶，靠在门边跟邻人闲谈；街头的人群中穿梭着疾步如飞的送茶小哥，精致茶托盘里一杯杯冒着热气的红茶却不会洒出来一滴。

在土耳其大街小巷飘香的茶，跟中国有着不得不说的故事：19世纪土耳其人不远万里从中国带回茶籽，却没有试种成功；直到20世纪才从格鲁吉亚成功引进，从而在黑海边开始了茶树的种植。而在格鲁吉亚，人们今天依然把红茶称为"刘茶"，为的是纪念一个多世纪前把茶树引到他们国家的中国茶工——刘俊周。一片茶叶的旅行，就这样把中国、土耳其和格鲁吉亚连在了一起。

全世界更爱哪种茶？

当茶文化渐渐渗透到了亚洲、欧洲、美洲甚至非洲后，茶的冲泡

» 世界茶叶口味分布示意图

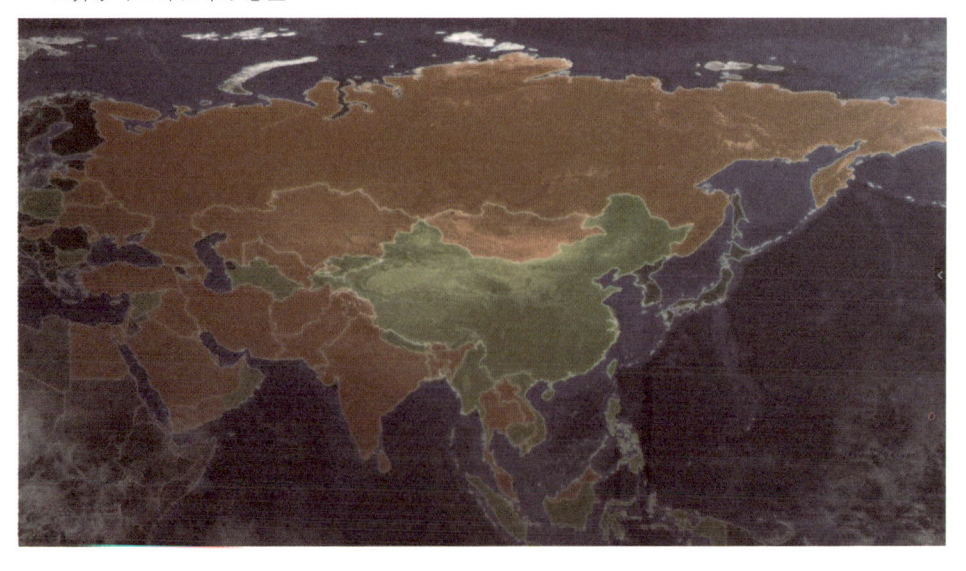

方式和口味也不断变迁。红茶、绿茶，人们更偏爱哪种呢？我们使用各国语言来搜索人们最热衷的茶的口味，得到了一张非常直观的世界茶叶口味分布图。在这张地图上，每个国家的版图颜色就是他们喝茶的第一口味，爱喝红茶的呈现红色，爱喝绿茶的呈现绿色。比如在中国，爱喝绿茶的人比爱喝红茶的多，所以就呈现绿色，而俄罗斯则刚好相反。整体来看，在世界范围尤其是"一带一路"沿线国家，红茶显然是更受欢迎的品种。

不过，实际上红茶是以多种面目出现在不同国家的，在有的国家，人们会往里面加上牛奶，而在另一些国家，还会兑上酥油甚至蜂蜜。而在东南亚，一种广为流传的茶叶冲泡方式，又把几个国家联系在了一起。我们先从新加坡说起。去新加坡旅行的人们，总要尝尝一种被称为新加坡"国饮"的饮料——拉茶。拉茶实际上就是在红茶里添加炼乳煮好，然后用两个茶杯从高处拉来拉去，冲撞出丰富的泡沫，让茶香和奶香充分融合后的奶茶。在新加坡，几乎人人都喝过拉茶，不过可能很多人并不清楚，拉茶是从

» 印度尼西亚的一家奶茶店

» 新加坡拉茶

马来西亚传过来的。在马来西亚，这样的奶茶被称为 Tehtarik，意思是飞茶。其实 Teh 这个读音就来自

» 马来西亚飞茶

于中国厦门方言中的"茶"。当年印度人将这种茶加香料和奶混煮的做法传到马来西亚,而马来西亚人又发明了这种让茶水在两个杯子间飞来飞去、极具观赏性的调茶方法。拉茶既好喝又好看,很快就流行起来,并且传到了新加坡。不过,从印度到马来西亚再到新加坡,不管冲泡的手法如何花哨,这其中浓郁的红茶茶香,一直是不变的主角。

尽管红茶广受欢迎,中国的绿茶却在一些国家有着不可替代的地位。典型代表就是当年茶叶在丝绸之路上旅行到的最遥远的地方——北非国家摩洛哥。当我们用大数据在网络上搜寻与全世界"茶"相关的各种数据时,这个遥远的国家引起了我们的兴趣:最近几年,中国每年最大的一笔绿茶出口订单,是从浙江发往摩洛哥的。在这个国家,每人平均每年要喝掉2公斤中国茶叶。3,300万人口的摩洛哥,一年却要喝掉6,000吨以上的绿茶。或许您无法理解,如此盛行饮茶之道的摩洛哥,本国却几乎不产茶叶,全国每年消费的绿茶都依靠进口。而这么大量的绿茶,90%以上来自遥远的中国。2014年一年,就有5,800多吨茶叶从中国运往摩洛哥,这是差不多中国10万亩茶园的产量,占据了中国茶叶出口量的1/5。

摩洛哥地处非洲西北部,终年

干燥炎热，又是伊斯兰国家，当地人都不饮酒，所以茶便成了摩洛哥人的日常饮品。他们在绿茶里加上清新的薄荷叶，再加上糖，就成了摩洛哥独特的薄荷绿茶，清凉解暑。在摩洛哥，许多家庭会把收入的一大部分用于饮茶，就像酷爱红茶的土耳其一样，这里集市上和大街小巷里也随处可见托着茶盘茶壶串门子的人。茶对于摩洛哥人来说其重要性仅次于吃饭，他们常说自己身体的一半是绿茶。

为什么在非洲钟爱绿茶的国度只有摩洛哥硕果仅存？早年间葡萄牙商人把中国的绿茶贩卖到了摩洛哥，并风行全国。一百多年后，中国人又发明了红茶生产工艺，而这次把红茶带到摩洛哥的，是在非洲从北到南所向披靡、建立殖民地的大英帝国殖民者。摩洛哥军民与日不落帝国奋战20多年，终于把喝红茶的英国军队从丹吉尔港赶走。这漫长的一战，避免了摩洛哥沦陷为红茶统治区。而这段历史，无疑让摩洛哥人，这个自称血液里一半都流淌着绿茶的北非民族，对于绿茶的感情，更加超然于喝茶本身。

一片茶叶的旅行，带往世界各地的不仅仅是一种东方的饮品，更是东方的文化和生活方式；千百年来，茶叶终于在丝路沿线生根发芽，成为当地人生活中不可或缺的部分，又不断在催生出新的文化。

夏丹片语

在东南亚拍摄语言文化这集节目，为了完成编导的思路，我们千辛万苦找到了雅加达郊外的一家水果批发市场。不过这里的水果为了保鲜，都急着要卖到零售市场上去，不能等我们拍摄完了。没办法，制片主任咬牙买下了一箱火龙果，一箱杧果。再求爷爷告奶奶免费留住了一箱波罗蜜，实在太贵了，不敢买了。拍完之后，买下的杧果送给了当地的华人朋友。但是还有一整箱的火龙果运不过去了，摄制组要求：每个人必须干掉几个。这一个火龙果快赶上一个排球那么大了，我还认领了一个大的。摄制组一路从雅加达吃到曼谷都没吃完。也是醉了。

161亿元与18亿元人民币：影视的文化传播

比起丝绸、茶叶这些古老的文化符号，中国电影作为一种更时新的文化形式也承载着当下文化传播交流的功能。

中国电影市场当下的热度有目共睹。我们搜集了2012年、2013年和2014年3年的中国电影的票房数字。

» 2012—2014年中国电影票房数字

年份	总票房（亿元）	观影人次（亿）
2012年	171	4.6
2013年	217.69	6.13
2014年	296	8.3

最近几年，电影总票房和观影人次急剧增长，与之相应，影院和银幕数量也迅速增长。2013年，中国新增影院数量约900家，新增银幕5,077块。2014年，中国新增影院1,015家，日均增长近3家；新增银幕5,397块，日均增长15块，目前全国银幕总数已达23,600块。

这样的增长，是个什么概念？我们来看看邻国的情况。联合国教科文组织的统计显示，从2009年到2011年3年间，俄罗斯的影院数量从807家增长到了925家，哈萨克斯坦的影院从83家增长到了94家，马来西亚的影院从94家增长到了107家，而柬埔寨的影院数量则从8家减少到了7家。

这些数字说明一个情况，中国电影的火爆确实是异乎寻常。

说到这里，不得不提到一部电影——《捉妖记》。2015年暑假档期，这部电影就将20多亿人民币的票房收入囊中，是到目前为止不折不扣的国产电影票房冠军。

与此同时，《捉妖记》还在海外各国上映。在新加坡一家历史超过50年的老牌电影院，墙上挂着与北京上海影院里同样的一张海报，这多少让我们恍惚间有些穿越感。

《捉妖记》的灵感来源于《聊斋志异》，这部志怪小说集可以说是中国被翻拍成影视剧次数最多的文学著作之一。中国古老的神话故事通过新的形式传播进其他的文化，这当然不是个例。阿拉伯故事集《一千零一夜》不仅是阿拉伯世界最著名的神话传说，而且已经被世界各国翻拍成了30多部电影电视剧。不过，对《一千零一夜》熟悉的读者可能并不知道，这个故事集里面的许多故事，其实是来源于古印度名著《五卷书》。你看，文

» 新加坡邵氏影院是当地著名老牌电影院

» 北京电影院：《捉妖记》小妖模型到处可见

» 阿拉伯神话故事集《一千零一夜》　» 中国志怪小说集《聊斋志异》　» 古印度名著《五卷书》（季羡林译本）

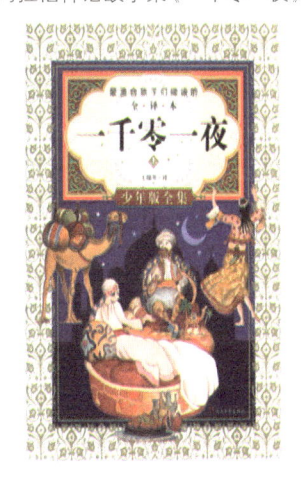

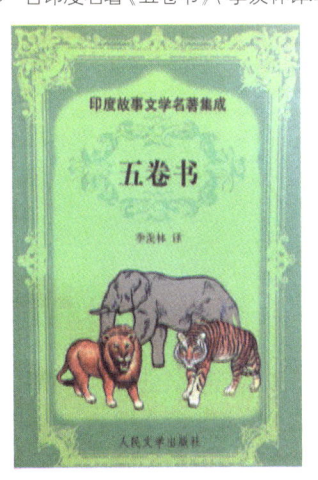

化传播就是如此有趣，一颗文化的种子洒进另一个文明的土壤，生长出来的又是另一个惊喜。

说到文化传播，当前的中国电影究竟能不能承载起文化走出去这个使命呢？

有两个数字能回答这个问题：161亿和18亿。前者是2014年中国国产电影在内地的总票房，后者是中国国产电影在海外的总票房。也就是说，2014年中国人花了161亿看自己拍的电影，而全世界只花了18亿来看中国人拍的电影，只占前者的11%。

如果说文化走出去就是"墙内开花墙外香"，现在看来中国电影还远远没有做到。

在"一带一路"沿线，哪些国家对中国电影比较感兴趣？通过大数据分析，我们发现，"一带一路"沿线国家中最热爱中国电影的国家集中在东南亚，如越南、新加坡。

同时，我们通过大数据抓取跟"中国电影"最相关的词语，结果出现了"中国功夫"，看来中国电影和中国功夫有着难分难解的关系。我们把"一带一路"沿线国家对于这两者的兴趣度排名做了一个对比，有意思的结果出现了：对中国功夫最感兴趣的国家，与对中国电影最感兴趣的国家重合了——都是越南。

令人遗憾的是，除了越南、新加坡和柬埔寨，其他"一带一路"沿线国家对中国电影的兴趣并不大。如果以越南为热搜指数的标准100的话，我们看到接下来其他国家的热度指数急剧下降，呈现一个陡峭的下降曲线。

为什么中国电影难以走出去？我们不妨用大数据来描画出几个具有代表性的国家的电影在世界影迷心目中的形象。通过对全世界各个电影网站、论坛的多种语言搜索，我们得到了几个排名前列的国家电影的印象关键词（见下）。

» 各国电影印象关键词

中国电影	场面宏伟，功夫，内容重复，故事老套，历史题材。
印度电影	民族特色浓厚，歌舞元素，表演夸张，布景华丽。
泰国电影	恐怖片，重口味，妖艳鬼魅，极强的民族风情和宗教信仰。
伊朗电影	寓意深刻，风格清新，关注时事。
俄罗斯电影	故事深邃，引人深思，真挚，战争片和爱情片居多，种类单一。

不难看出，对于中国电影，世界影迷们印象深刻的仅有大场面、耍功夫这两个特点，而故事和内容的重复老套是硬伤。

跟中国电影相比，印度电影的欢乐歌舞、泰国电影的民族风情、伊朗电影的精细制作等等，都有着更明确的特点和吸引力，从而也比中国电影更容易走出国门。而中国尽管已经成为全球第二大票仓，而且即将变成最大的票仓，但如何去夺取国外的票房，或许还需要向几个邻国的电影行业学习。

夏丹片语　在新加坡老牌的邵氏影院，空调开得特别凉。按照当地人的说法，法律规定室内保持20℃左右的温度是为了最大限度地提高人们的工作效率。为此牺牲一点环境保护和温室排放也在所不惜。但是电影院实在没必要把空调开这么低吧？看着一对对型男靓女衣裳轻薄地在影院里翩然而过，来自北方国度的我和同事们纷纷表示无法入乡随俗。随后的东南亚之行，每到飞机上，大家就必要毛毯。车里空调开得太大的时候，不好意思请司机关空调，我们就自觉加衣服。

10亿美元：
国产游戏瞄准东南亚市场

一款网络游戏的魅力究竟有多大？它能够创造的经济价值到底有多高？

2013年，韩国顶尖游戏开发商JOYMAX的大型MMORPG游戏《新·丝路传说》更换代理，重新在中国和东南亚市场登陆，开服首日用户数就快速突破了100万。

在信息技术爆炸的新时代下，游戏产业正在作为文化交流的新型载体，携带着不同的文化元素，快速席卷不同文明环境的移动端、PC用户。移动互联时代，中国研发的

游戏已经逐渐覆盖全世界。2014年，中国自主研发的网络游戏，海外市场销售达到30.76亿美元，比2013年增长了70%。东南亚，一直是网络游戏这个巨大市场的金矿。大数据显示，越南是全球第四大在线游戏市场。过去的10年里，中国游戏企业（如金山、巨人等）纷纷大举开辟越南市场，一度覆盖了越南80%以上的市场份额。

最为典型的例子就是中国古典四大名著中的《西游记》和《三国演义》。在中国游戏产业领域，这两大题材成为游戏开发商，特别是以手机等移动端游戏为专攻方向的制作团队最为钟情的文化背景。据统计，仅在2014年，新开发的以"三国"为题材的国产端游数目就突破了2,000种。这些游戏也迅速凭借着题材的热度，进入中国以外的市场。

在雅加达的一家网吧里，我们发现，《梦幻西游》《将魂》等中国文化题材的网络游戏成为一半以上玩家的选择。"游戏故事里，刘备兄弟三人桃园结义，相互合作征战天下。其实这不是印度尼西亚的本地文化，但是因为我们已经对原来的故事了解得比较多，所以也能玩得很好。"一名正在玩游戏的印度尼西亚小伙子面对着采访摄像机滔滔不绝地说。

相比于在世界游戏产业领域表现并不理想的中国PC端游戏，中国移动端游戏在印度尼西亚的用户占有率更高。而凭借中国目前最大的即时通讯社交平台——微信在东南亚的海量用户，腾讯旗下游戏几乎占领了60%以上的印度尼西亚智能手机用户。根据腾讯公司的预测，

» 《西游记》《三国演义》是网络游戏的两大题材

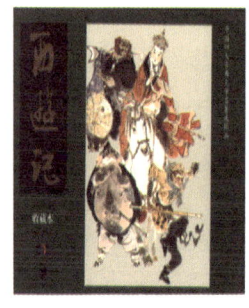

» 《将魂》游戏的首页

» 雅加达一家网吧一半以上玩家在玩中国文化题材的网络游戏

2015年印度尼西亚当地4G用户将增加1,000万人,这也成为中国手游公司加大力度进军东南亚的主要动力。

中国游戏在印度尼西亚的成功也并不是个案。根据刚刚出炉的2015年第3季度中国游戏产业行业报告,在新加坡、马来西亚、泰国、越南和柬埔寨这5个国家的IOS平台游戏畅销榜TOP20中,中国游戏平均占比接近一半,位居国内手游市场前列的智明星通、IGG、FunPlus和昆仑等公司均有产品长期霸占这一榜单。

根据大数据调查,真正钟爱中国武侠文化和三国文化的东南亚玩家,来自越南。2013年,越南网络游戏市场规模就已经达到了2.37亿美元,在亚洲范围内排名第6。越南网络游戏市场每年增长速度在50%—100%之间,PC游戏部分,中国产品的份额甚至达到了九成。虽然近年来越南本土的游戏产业也在加速成长,规模最大的VNG公司在2014年半年内就推出了40款PC游戏和60款移动游戏,可是数量和进口游戏相比显得杯水车薪。"目前,越南国内的资金和人才缺失,是造成越南本土企业无法大量推出网络

游戏的主要原因。"越南 VNG 公司的 CEO 表示。

而随着网络环境的不断优化，"一带一路"沿线国家的游戏市场未来的潜力将更加惊人。从 2004 年到 2014 年的 10 年间，在东南亚六国中，网络环境变化最大的当属菲律宾。这个总人口数 1 亿的国家用了 10 年时间将网络覆盖范围扩大了 8 倍，网民总数已经扩大到 4,200 万，其中 2,720 万是网络游戏玩家，付费玩家的占比更是达到了 38%。根据统计，2014 年，菲律宾游戏市场规模 9,680 万美元，平均每名付费玩家一年会消费近 10 美元，未来 5 年内，这也许就将是东南亚地区潜力最大的手游市场。

行业报告预测，如果放眼整个东南亚，这里的玩家总人数将在 2016 年超过 1.17 亿，仅东南亚六国的游戏行业总收入，就可能突破 10 亿美元大关。可以预见的是，这些饱含着不同民族、不同文化元素的娱乐产品，随着技术的进步，未来将成为"一带一路"上文化交流的新动力。

夏丹片语

拍这组节目的时候，我们都很感慨。目前国内电影市场太火爆了，人们看到的是随便拍个片子，在国内票房都能赚上几个亿。但是中国电影在海外还真不灵，选择多了，人们的眼光更毒辣了，钞票就是最有力的选票。这样看起来，中国产的网络游戏似乎比电影争气多了。中国制造走遍了全世界，文化产业却举步维艰，这里的门道还真值得业界大咖们好好思考思考。

（李洁、赵中良）

第 8 章
人民币新征程

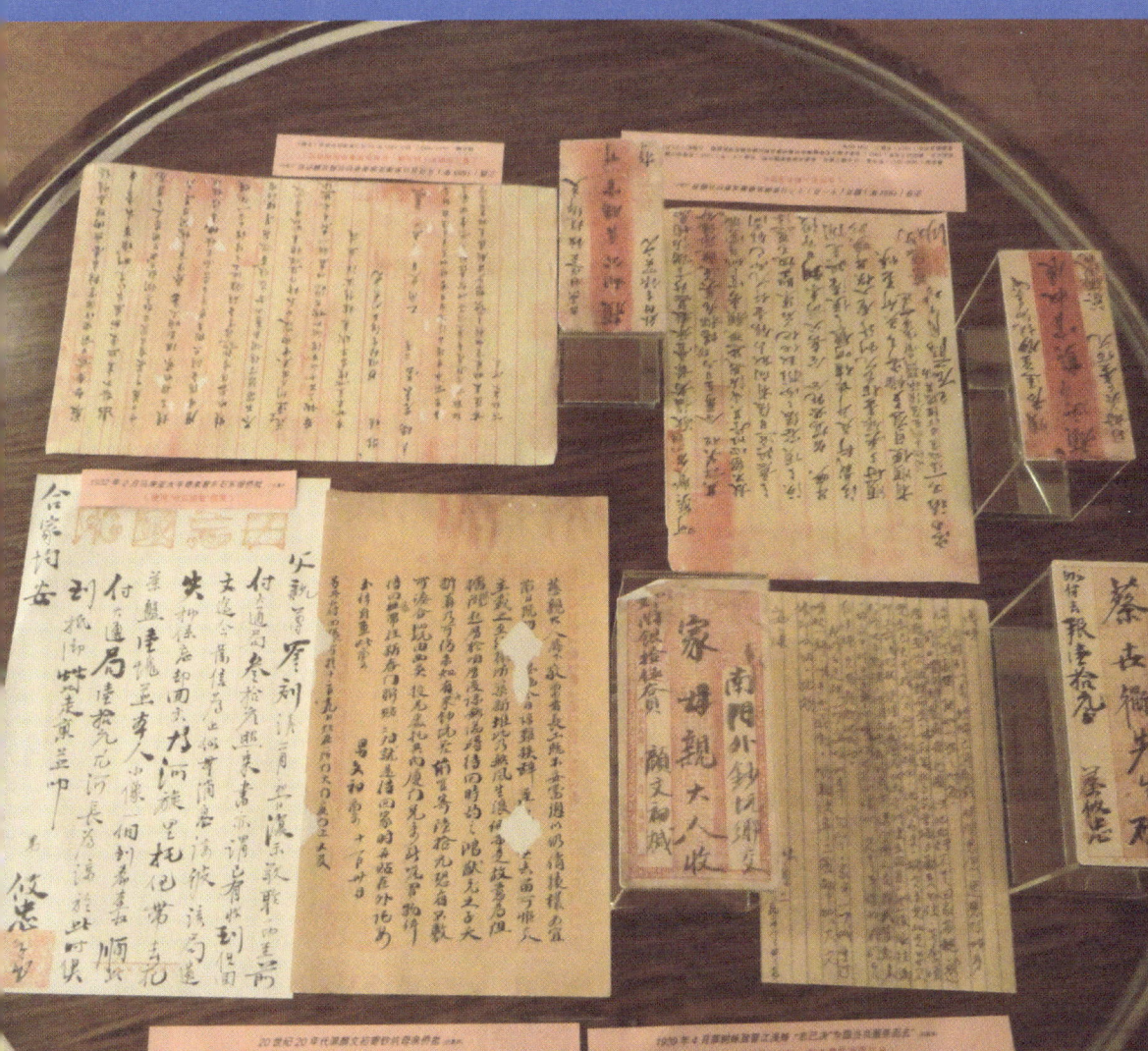

海上明月，天涯此时。

就在你翻阅这本书的一小时里，你知道这个世界正在发生什么吗？

就在这一小时里，平均有近6,000名中国游客踏入丝路沿线的60多个国家开启丝路之旅；就在这一小时里，中国商人和"一带一路"沿线国家平均成交了近7亿元货物买卖。

现在，中国企业平均每天在"一带一路"沿线国家新承揽对外承包大型工程项目8个，新签合同金额约近13亿元。

这背后意味着什么？仅以中国与"一带一路"沿线国家的货物贸易来说，这一小时7亿元的买卖，有大约1.4亿是人民币直接交易的。而在2009年，一整年全球的人民币跨境货物贸易才32亿元。

就在2015年10月份，人民币首次超越日元，跃升为全球第四大支付货币，市场份额升至2.79%，相当于每100元的支付，其中2.79元使用人民币。这个成绩来之不易。2012年8月，人民币的市场份额仅为0.84%，排名12位。在过去3年里，人民币以百米冲刺的速度，接连跑赢了多种货币。

而今天，最终人民币凭什么跑赢了日元呢？

27,800亿元：人民币的国际化

来看一组数字：截至2014年底，境外人民币存款约为27,800亿元。没错，这27,800亿元被存在了境外的银行，很多已经变成了别人家的财产。2014年底，境内外人民币存款总余额为1,138,600亿元。这就是说，每100块人民币中就有2.4元被存在境外的银行。

而就在5年前，境外人民币存款几乎可以忽略不计。这其实仅仅是人民币走向国际化的一个侧影。

人民币出海6年，都在哪里安了家？

自2009年人民币可以在国际交易中使用以来，人民币像一艘艘出海的船，6年来已经在海外形成数个人民币聚集的岛屿，这些岛屿就是庞大的人民币离岸市场。离岸人民币外汇市场日均交易额达2,500亿元，约为境内市场的5倍，这一数字相当于中国邻居土库曼斯坦2014年一年的GDP总量。再看一下这张地图，我们还可以看到境外人民币流动最密集的地区集中在东南亚。而且，大数据发现这也是全球搜索人民币最高的地区，东南亚11个国家有5个名列"人民币热度最高"TOP10国家。其中，最热的是新加坡，而新加坡正是东南亚最大的人民币离岸中心。

在新加坡清算行中国工商银行的金库里存放着数以亿计的人民币现金，这么多人民币从哪里来的呢？它们是坐着飞机从中国香港飞行了近4个小时空运到新加坡的，过去一年通过广州，向新

» 中新人民币现钞跨国调运

加坡累计空运了2亿元人民币。而2014年全年，中国人民银行向全球调出了117亿元现钞，总重约135吨，相当于90辆普通轿车，也相当于100元面值的人民币一字排开绕赤道3圈。而2亿多元人民币千里迢迢飞到新加坡，正是为了支持新加坡对人民币的使用。现在，新加坡人民币清算行中国工商银行平均每天清算量达到3,000亿元人民币左右，2015年上半年清算量已经达到26.96万亿元人民币，已接近去年全年的72%（2014年全年为37.5万亿元），相当于15个新加坡全年GDP总量。

拉个板凳开银行，一条街挤着300家银行！

"板凳"和"银行"有什么关系？你可能不知道，银行一词源于几百年前的意大利语Banca，意思是板凳，早期的银行家在市场上进行交易时使用。英语转化为了bank，意思为存放钱的柜子。正因为"银行"一词源于"板凳"，所以早期的银行家被称为"坐长板凳的人"。

几百年前欧洲的这一情景如今在与中国东兴市一河之隔的越南芒

» 中国工商银行新加坡分行

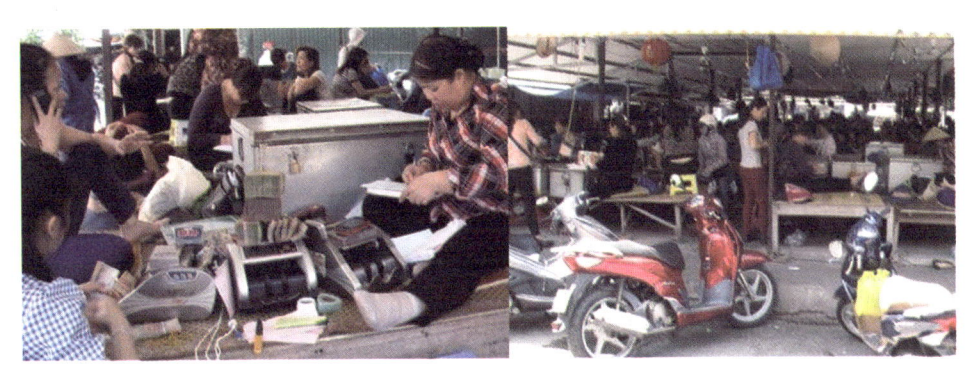

» 越南地摊银行，其背后是中越两国巨大的贸易往来

街市重现了。当地，一个保险柜加上一张简陋的长板凳，就是一个可以进行人民币和越南盾兑换的"银行"。这类简易的"地摊银行"在一条街上可以多达300个，非但不会被驱赶，而且基本上大部分都有政府颁发的"营业执照"。

当你走过这些"地摊银行"，常常会听到这些"银行家们"熟练地操着中越两国语言吆喝"换钱、换钱"，甚至还会用汉语告诉你，他们已经在这里干了10多年，资金充足，甚至几家联合起来上亿元的人民币交易额都可以做，几小时内就能落实，保证按市价公平交易。

"地摊银行"的背后，是中越两国巨大的贸易往来，然而让任何人怎么也想不到是，因为汇率由当地地摊行情说了算，他们的"地摊银行"统治着两国货币汇率长达20年之久。按每家"地摊银行"持有30万元左右人民币估算，在芒街市街头上约有超过1亿元人民币资产，有些实力雄厚的"地摊银行"人民币周转金额可高达400万元。然而，这才刚刚满足芒街口岸平均每年20多亿美元的进出口贸易，仅在2013年，整个中越边贸结算需求量已经突破130亿美元。

正是这种频繁的贸易往来，使得人民币跨境业务在当地出现了跨越式发展。自2009年启动跨境贸易人民币结算业务以来，业务范围已经覆盖全球，在2014年底全球跨境结算累计突破16万亿元人民币，已超过整个东南亚地区GDP总量。

60%：这个国家流通的现金居然多半是人民币？

有这么一个国家，当你走进一家普通的商店，售货员很可能熟练地用汉语报出人民币的价格，直接收取人民币，并用人民币验钞机验钞，甚至有的售货员手一摸、眼睛一看就能确定人民币的真伪。商店不但收取人民币，而且还可以用人民币找零头。不仅在首都的很多餐馆和饭店酒店可以直接使用人民币，甚至在一些不起眼的县城里吃饭和住宿都可以直接使用人民币。

没错，这个国家就是蒙古国。目前蒙古国市场上流通的现金60%是人民币。

假如你到东方省牧区向一户牧民买羊，牧民还可能问你用"元"（人民币）买，还是用"图"（蒙币）买，还是用"刀朗"（美元）买。

当你问起牧民最喜欢收什么，牧民很可能告诉你最希望你用"元"买，而最不愿意用"刀朗"买。因为这里距离中国内蒙古新巴尔虎右旗的阿日哈沙特口岸不到100公里，他们经常通过这个口岸过境到中国，然后去满洲里购买商品。阿日哈沙特口岸距离满洲里只有70多公里。他们收"元"，然后到满洲里就可以直接用来买东西了。

在人民币的世界版图上，67年来（1948年第一套人民币发行），与中国大陆可以进行人民币双向流通的国家和地区从0扩张为今天的220个，覆盖了全球98%的国家和地区。大数据发现，与人民币最相关的关键词是"中国企业"和"投资"。频繁的经贸往来，使得人民币可以直接流通和持有的地区已经辐射了大部分周边国家。

夏丹片语

出发之前，我就知道，在我的老家广西，与越南交界的那些口岸，两国百姓都在使用人民币做生意。但是这次我才第一回听说越南已经有很多百姓做起了类似货币兑换点的个体户生意。他们在边境上摆一个地摊，坐拥数百万人民币的现钞，为往来两国边境和内陆的商人们兑换成捆成捆的货币。人民币的魅力，用得多了，你就懂了。

5亿到40,000亿美元：
巨型外汇蓄水池是怎么形成的？

从1950年至今，我国的外汇储备从量到质都发生了巨大的变化，从改革开放之前年均不足5个亿的外汇储备，甚至某些年份是负储备，到改革开放之后外汇储备的成倍增长，我国外汇储备规模一步步扩大。今天，贸易、投资等已经给中国带来了近40,000亿美元外汇储备。

侨批与中国早期外汇收入

很早以前，下南洋打工的人们往国内汇款经常跑一些民信局，要填写一封"侨批"（闽南话称"信"为"批"），侨批正是海外华侨通过民信局这样的民间机构寄到国内的兼具家书功能的汇款信。这些汇款就成为中国早期的外汇收入。侨批遍布东南亚多个国家。而"海上丝绸之路"的起点——福建专门成立了侨批局，成为中国进入国际金融市场最早的先行者。

泰国商人许茂春是著名的侨批收藏家，这位祖籍潮州的第二代泰国华人为我们展示了两枚分别以25万元和24万元人民币标来的昂贵信封，都是1949年5月从泰国寄到汕头的。类似的侨批

» 侨批是中国国际金融发展史和海上丝绸之路文化交流史的交融与见证

许茂春先生 20 年收藏了 10,000 多封。一封侨批就是一个故事：有父亲为刚出生却不曾谋面的孩子取名的；有儿子问候年迈双亲的；有父母鼓励儿子发愤读书的（来批）；也有国内侨眷盼儿早日回归，或是惦念着海外的亲人，终日以泪洗面、望眼欲穿的（回批）……

» 巴基斯坦街头林立的电线杆

» 巴基斯坦街道夜晚经常停电

一封封侨批，是中国国际金融发展史和海上丝绸之路文化交流史的交融与见证。

巴基斯坦 3 天热死 500 人，中国外汇蓄水池放水能"降温"？

整个"一带一路"外汇储备达 69,900 亿美元，占全球 114,900 亿美元外汇储备的 61%。巨大的外汇储备给"一带一路"沿线国家进行投资建设积累了丰厚的"家底"。

2014 年 11 月 8 日，中国国家主席习近平宣布中国将出资 400 亿美元成立丝路基金，丝路基金首期 100 亿美元资金，其中就有 65 亿美元来自外汇储备，其余由进出口银行、中投公司各出资 15 亿美元，国开行出资 5 亿美元。而 2015 年，在巴基斯坦首都伊斯兰堡以东的杰赫勒姆河上将建设一座中型水电站，这是中国 400 亿美元丝路基金资助的第一个项目，预计耗资 16.5 亿美元，建成后将被并入巴基斯坦国家电网，其年均发电量有望达到 34.36 亿度。

丝路基金首个项目为什么选在巴基斯坦？

就在 2015 年 6 月份，大规模的长达数小时的电力短缺让巴基斯坦民众无法忍受酷暑。巴基斯坦首都伊斯兰堡夏季每日停电时间达到 12 小时，绝大部分农村和山区每日停电时间更是高达 20 小时。当地政府统计结果显示，最热的 3 天超过 500 人因炎热天气而丧生，其中巴基斯坦第一大城市卡拉奇的死亡人数最多。卡拉奇最大的医院收治了 3,000 多名因高温发病的患者，其中有 200 人在入院前已经死亡或因医治无效去世。巴基斯坦最大的慈善组织在卡拉奇的两个太平间停放了 400 多具遗体，这些人都死于高温。

高温电力短缺严重影响了巴基斯坦的经济、社会发展和当地民众的日常生活。《福布斯》杂志估计，巴基斯坦电力短缺可能使该国丢失 6% 的 GDP，这还不包括因为电力短缺而失去的投资。

巴基斯坦对水电站的需求十分迫切，而中国则具备承建大型水电站的能力和技术。中国的企业和银行现在是全球最大的水电站建设者和水电融资机构。据国际河流组织介绍，自 2000 年以来，中国企业参与了 74 个国家的约 330 个水电站项目，大部分位于亚洲和非洲。在整个"一带一路"沿线，通电率达到了 89.84%，而在电力设施比

» 巴基斯坦水电站项目，繁忙的工地

较缺乏的南亚、东南亚，通电率仅有 77.32%。在最缺电的柬埔寨，10 个人中只有 3 个人能用上电。这正是"一带一路"沿线上投资的巨大前景。

1997 年亚洲金融风暴带来的教训

大数据发现，对人民币需求最高的区域分别是东南亚和中亚。人民币在中国周边国家越来越受欢迎，其中保值增值、汇率稳定分别排在第 1、2 位。而这要从 1997 年说起。1997 年，仅有 300 亿美元外汇储备的泰国遭遇泰铢抛售，泰铢大幅贬值，泰国无力挽回局面，从而引发亚洲金融危机。此后，为防范风险并形成多元化的外汇储备结构，亚洲金融市场急于寻找一种稳定的亚洲统一货币，而体量庞大、汇率稳定的人民币吸引了亚洲各国，泰国、马来西亚、印度尼西亚等纷纷将人民币纳入储备货币菜篮子，谋求本国货币稳定。调查数据发现，泰国、越南等地商家越来越喜欢用人民币结算，在美丽的印度尼西亚巴厘岛，商家还喜欢收取以人民币支付的小费。

正如中国储备外汇，越来越多的国家也开始储备人民币。据不完全统计，截至 2015 年 4 月末，境外中央银行或货币当局在境内外持有债券、股票和存款等人民币资产余额约 6,667 亿元，涉及境外至少 40 个国家和地区。人民币目前为全球第七大储备货币。

夏丹片语

当编导向我讲述"侨批"的故事，我深深为之动容。在下南洋的年代里，大清帝国甚至是不允许华侨返回自己家乡的。这是一个因为地理距离，远离西方的文明古国闭关锁国之后，被世界抛在身后的悲剧故事。整个民族不再"睁眼看世界"了，最后就等着被人撬开家门。那段历史才刚刚过去一百年，而今天，曾经的悲情主角正在笑对人生，我们手里坚实的货币工具就是一个国家实力和信用的底气。

375%：
"一带一路"人民币结算正当时

提到美元，大家都不陌生，那么人民币在全球的认可度如何呢？汇丰银行在2014年发布了一份关于全球企业跨境人民币业务的调查报告，报告显示：世界各国对使用人民币交易已有一定认可度，跨境人民币业务使用比例最高的地区在新兴的人民币离岸市场——中国台湾地区、法国和德国；而对人民币国际化认识水平最高的地区是法国和英国的企业，分别达到77%、66%。在未来一年内，64%的中国台湾企业、56%的中国香港企业、45%的德国企业、63%的法国企业、53%的澳洲企业、74%的加拿大企业、55%的美国企业都预期会扩大与中国大陆的跨境业务。其中，预期最高的是英国企业，这个数值达到86%。

汇丰银行还对全球已经使用人民币业务的企业进行了调查与采访，受访企业中，60%的企业预期在未来12个月内将增加人民币跨境业务。而在尚未使用人民币业务的企业中，也有32%的企业表示他们将考虑在未来12个月内开始使用人民币跨境业务。

跳过美元也能跨境做买卖？

4.5万亿元——"一带一路"沿线国家成为外贸市场的新宠儿。海关最新统计数据显示，2015年前3个季度"一带一路"沿线国家进出口值约为4.5万亿元，超过同期外贸总值的1/4，大大超出同期出口整体情况，中国的贸易伙伴趋向多元化。早在2013年，中国超过美国成为全球第一的贸易大国，几

» 中国银行驻外机构

乎所有国家与中国都有直接贸易往来。但是中国中小企业却面临着同一个问题：在目前的国际贸易结算过程中，仍主要以美元作为中间载体，即"本币—美元—人民币"，这样的汇兑过程给中国中小企业的国际贸易支付带来高昂的支付成本，同时还引入了汇兑的风险。

那么，跳过美元也能跨境做买卖？

Zulfia是从事与中国外贸生意的女店主，在塔吉克斯坦杜尚别经营着一家中国商品店，与中国贸易往来多年。她发现，中国的商品在塔吉克斯坦需求量越来越大，但随着生意越来越好，支付过程却没有变得更容易更高效，与中国从事贸易结算不得不经历货币的二次兑换。现在她是钱宝丝路贸易卡的忠实用户，使用这张小小的卡片做支付，

» 钱宝方便了跨境支付与结算

可以直接进行索莫尼—人民币结算，这让她觉得方便多了！以往的贸易结算多采用L/C信用证模式，对这些小微企业来说是不可跨越的门槛，而随着技术的发展和系统的联通，钱宝系统已经可以取代信用证，自动做担保，为Zulfia和像她一样从事外贸的商人提供支付便利。

从前，Zulfia如果要来中国采购商品，需要提前从银行取出大量索莫尼，再到可以换成美元的银行换成美元，然后带着大量美元来到中国从银行或民间金融组织换成人民币，最后才能在中国供应商那里用现金完成采购交易。而现在，Zulfia已经不需要每年来中国进行实地采购，中国的跨境电商Globebuy平台成为了她采购的主要渠道，选好商品后她可以直接使用钱宝卡支付。

作为服务于中国与"一带一路"沿线国家贸易企业的重要金融基础设施，中国最大的跨境支付平台之一——钱宝，正为我国的中小企业跨境贸易提供着便利的支付、结算等金融服务，降低了中国企业参与全球贸易的支付成本。目前，钱宝已与62家海外银行和支付机

构直连，连接海外104个国家的收单支付网络，正在"一带一路"沿线国家构建以人民币为主体的清算网络。钱宝向个人和企业发行的本币—人民币双币卡，直接打通了本币—人民币的支付通道，使商家可以用本币支付购买商品，使两国贸易参与者以更灵活和便利的方式参与双边贸易，进而促进两国经济贸易稳步提升。从我国中小企业跨境贸易商家的角度来看，出口商家如果是做小型外贸，首先利润空间就不大，再加上美元手续费，利润更小了；如果放大到大宗贸易来看，例如沙特是中国最大的石油进口国，中国有1/3的原油均从沙特进口，这其中由于二次兑换而产生的成本浪费和汇率风险可就无法估量了。作为"一带一路"倡议的重要节点，钱宝最近已经与沙特阿拉伯签订协议，正式进入沙特阿拉伯建设银行卡组织，此举将打开中东地区的大门。而在全球主要货币欧元的区域内，钱宝还获得了立陶宛银行卡组织牌照，并进入欧元央行清算系统，此举将再一次助力人民币的国际化进程，实现与欧元的直接兑换。

人民币到底有啥魅力？

大数据显示，"一带一路"沿线国家越来越多的老百姓开始使用人民币进行交易、计价、结算。同时，除了"人民币兑换某种币"的相关搜索外，"投资"荣登榜首，成为"一带一路"沿线国家的百姓对人民币业务关注的第一名，其次为"清算""离岸业务""结算"和"贷款"。可见，"一带一路"沿线国家民众对于人民币投资的关注度日益高涨。

也许你会好奇，"一带一路"沿线国家为什么会关注人民币？大数据告诉我们"与中国企业交易多"成为最主要的原因，其次为使用方便、人民币影响力上升、汇率稳定和人民币利率低，这从侧面印证了我国与"一带一路"沿线国家贸易的火热程度以及使用人民币进行贸易结算的种种好处。这也促进了人民币国际化的进程。

仅仅在"一带一路"沿线，中国累计直接投资了1,612亿美元，占我国对外直接投资总额的20%，其中1/5以上是人民币直接投资。这说明中国企业正大踏步"走出去"，而这每一步都离不开金融服务。

比如，东南亚经济增长强劲，

基础设施用建材等钢铁需求正在急剧增长，得益于此，中国首钢能够顺利在马来西亚投资建厂。此项目涉及制氧、烧结、炼铁、炼钢到轧材等全流程，一期一步工程年产量70万吨，一期工程完工后年产量150万吨，项目全部建成后年产能可达300万吨。该钢厂项目是首钢子公司马来西亚东钢公司（Eastern Steel）最早于2007年向马来西亚政府申请筹建的项目，以满足东盟市场对钢材原料的需求，项目批复以后面临高达5,000万美元的信贷需求，中国银行迅速了解情况，组建了包括汇丰银行在内的银团，为该项目进行全球融资，才保证这个项目能够顺利落地。

一张普通手机卡卖到两三万？

没错，就在两年前，缅甸的手机卡非常昂贵，官方出售的手机卡最初约合10,000元人民币，在黑市曾经被炒到两三万元，后来一路降到5,000元、2,000元，直到2014年，才出现了约合人民币10元左右的低价手机卡。手机拥有率从过去的5%左右迅速提升到近40%，同时使用手机上网的人数也迅速增加。

近年来，缅甸经济逐渐活跃，其中增加最多的就要数手机店了。在这些雨后春笋一般出现的手机店里，经常可以看到选购智能手机的年轻人，而他们当中绝大多数人都会使用手机上网。一位名叫玛薇普普梭的顾客告诉我们：现在的网速可以支持在智能手机中很容易地下载软件；有了这样低价的手机卡，想要的歌曲、软件都能很快、很方便地下载。她上网的时候经常用的软件微信、LINE、Facebook，使用

» 缅甸手机店如雨后春笋般地出现，随之而来的是手机卡销售火爆

都很方便、很容易,而这在过去的缅甸是不可想象的。

此前,缅甸的通信设施非常落后,手机只是富裕阶层的奢侈品。就在2013年左右,中国银行缅甸、柬埔寨、中国澳门等分支机构为当地提供了6,000万美元的融资,使当地通讯迅速升级到光纤传输,大街小巷矗立起一座座铁塔。手机卡因此大幅降价,手机也从此走入了当地寻常百姓的生活。

新加坡成为最大人民币离岸结算中心

在"一带一路"沿线主要国家当中,哪个国家对人民币最为关注呢?是新加坡。亿赞普大数据平台分析了"一带一路"沿线国家对人民币的关注热度,排名前5位的分别是新加坡、马来西亚、斯里兰卡、菲律宾和阿拉伯联合酋长国。那么,从热度的趋势上,这几个国家对人民币的关注又有着怎样的变化呢?大数据告诉我们,这几个国家对人民币的关注程度在近5年内呈现上升趋势,并都在2015年迎来了最高峰。

同时,环球银行金融电信协会(SWIFT)在2014年公布的数据中显示,新加坡的人民币支付额在2013年3月至2014年3月期间上升幅度高达375%,占人民币支付总额的6.8%,超越曾占据首位的伦敦(5.4%),居人民币全球支付价值首位(不包括中国内地和香港)。这意味着人民币在国际支付中的重心,正从欧美逐渐向"一带一路"沿线国家转移。新加坡也因此成为仅次于中国香港(72.4%)的最大人民币离岸结算中心。

958.5亿美元,一个庞大的数字,它代表的是中国与新加坡之间频繁、密切的经济枢纽带。新加坡国际企业发展局数据显示,2014年,中国与新加坡双边货物进出口额为958.5亿美元,增长4.1%。这样庞大的经济数字背后,"三个第一"随之诞生:中国成为新加坡第一大贸易伙伴、第一大出口市场和第一大进口来源地。在新加坡,越来越多的当地企业开始选择用人民币进行贸易结算。说到选择人民币的原因时,他们表示:使用人民币不但可以有效地降低外汇兑换成本,也可以利用人民币来做对冲,以规避美元走势的波动带来的外汇风险。

> **夏丹片语**
>
> 当新加坡成为世界最大的人民币离岸结算中心的时候，英国也不甘示弱地表示：我们是欧洲最大的人民币离岸结算中心。我们带头加入亚投行，我们非常认同中国提出的"一带一路"构想，我们欢迎你们来帝国的国土上修铁路。这两天正在疯转的网络小段子："英国首相卡梅伦去见伊丽莎白女王说：'老佛爷，洋人要来给我们修铁路了。'"不仅仅是中国人喜欢炫耀的面子，更是一个国家厚积薄发的里子。

4.54："一带一路"明天更好

根据世界银行世界经济展望数据库，未来3年，"一带一路"沿线国家GDP算术平均增速将从3.20增长到4.54，较世界算术平均水平明显升高。2014年，"一带一路"沿线国家经济总量达到20.7万亿美元，是世界经济总量77.9万亿美元的26.6%。而到2017年，"一带一路"沿线国家经济总量仅增幅将达到3万亿美元左右，接近整个东南亚的GDP总量。

8,000亿拉动40,000亿："一带一路"值得投资吗？

就在最近，印度尼西亚纺织品厂商的处境越来越艰难，很多工人被迫下岗。印度尼西亚拥有17,000多座岛屿，是世界上最大的群岛国家，运输高度依赖海运，但基础设施发展长期滞后。统计显示，物流成本已占印度尼西亚国内生产总值的25%—30%，其纺织品等运输成本是日本的6倍，导致印度尼西亚纺织品等成本不断提高，利润下降，极大限制了印度尼西亚产品的国际竞争力。

提升印度尼西亚基础设施水平以破除制约经济发展的瓶颈，成为印度尼西亚历届政府的主要目标。新总统佐科2014年10月上台后提出打造海洋强国理念和建设"海上高速公路"计划。根据这一规划，印度尼西亚将在今后5年内斥资700万亿印尼盾（约合554亿美元），兴建和改造升级数十个国际性商业港口；建造1,481个非商业性港口等。"海上高速公路"计划一旦实现，有望在5年内使印度尼西亚物流成本占国内生产总值比例降低至19.2%。

不仅在印度尼西亚，"一带一路"建设投资引致效应巨大，据大数据测算，1单位基建投资将拉动上游相关产业1.89单位的生产扩张，并且推动下游产业3.05单位的生产扩张。根据亚投行"一带一路"亚洲部分基础设施建设每年至少需求8,000亿美元的测算，一旦需求得到满足，理论上将拉动上下游产业每年近40,000亿美元的生产扩张资金需求。

"一带一路"沿线国家GDP增速为3.94%，高于世界2.2%的平均增长水平，其中19个国家GDP增速在5%以上。GDP增速在7%以上的有伊拉克、也门、立陶宛、新加坡、沙特、拉脱维亚、马来西亚、马尔代夫、东帝汶、吉尔吉斯斯坦、埃及和波兰12个国家。

可见，虽然"一带一路"沿线国家平均经济总量不如世界水平，但是"一带一路"沿线国家GDP增长速度快，未来增长潜力大、投资价值高。根据专家估算，"一带一路"沿线64个国家，通信、交通等基础设施建设投资总规模高达60,000亿美元，相当于64个"一带一路"沿线国家GDP总量的近1/3。

全球每100美元投资，36美元投到了"一带一路"

2014年，"一带一路"沿线国家吸引对外投资高达4,411.85亿美元，是全球对外直接投资总额12,282.63亿美元的36%，换句话说就是，全球每100美元对外投资中，就有36美元投到了"一带一路"沿线国家。

过去一年，世界银行、国际开发协会、全球环境项目在"一带一路"沿线国家投资了137亿美元的项目，占其全球投资237亿美元的58%。其中，城镇化发展投资26亿美元、水利工程21.9亿美元、能源开发20.8亿美元、交通设施

19亿美元。世界银行、国际开发协会、全球环境项目在"一带一路"沿线累计投资最多的国家分别是印度、中国和越南。在投资版图中，几年来印度539个地点先后开展了价值达70.8亿美元的20个交通设施工程；中国境内226个地点聚集了21个总投资25.8亿美元的城镇化发展项目；而在越南，沿海岸线的104个地点分布了6个能源开发项目，总投资达14.8亿美元。

就在2013年9月"一带一路"畅想提出以后，"亚投行"一词出现在搜索热度榜当中。亚洲基础设施投资银行正是由中国发起的，旨在支持亚太区域国家的基础设施建设，目前已吸引全球53个国家加入，其中，"一带一路"沿线国家35个，占亚投行成员国总数近七成。亚投行的首个项目落地在哪儿？答案是伊拉克。受战乱影响，伊拉克基础设施落后，铁路交通严重落后，亚投行成立后的第一个目标就是投入"丝绸之路经济带"的建设，其中一项就是建设从北京到巴格达（伊拉克首都）的铁路。亚投行的成功建立为"一带一路"的经济建设打下了坚实的基础。

"一带一路"国家最想和中国合作干点啥？

不同的国家需要的投资项目不同，我们如何了解"一带一路"沿线国家最希望与我国进行哪些方面的合作呢？大数据发现，基础设施、贸易、金融投资位列"一带一路"沿线国家希望与我国合作项目的前三甲。

那么，沿线国家网民对于排名第一的基础设施建设的具体需求是什么？对此，亿赞普数据挖掘工程师花费大量的时间，从海量数据中提取出包括交通在内的十大细分类目，对各类目所有关键词进行量化。在随后的数据挖掘模型中，特征的选取和模型的设置是技术上的挑战，数据挖掘人员使用深度神经网络得到能表示数据的最有效特征，进而采用深度机器学习模型获取细分类目的排行，随之将细分类目与多个国家的需求进行匹配、挖掘、提炼出共性和需求，还要做深度关联分析，分析数据背后的需求和意义。最终发现了沿线老百姓对于基础设施类的实际需求前3位分别是公路、铁路和通信。其原因是，交通能够拉动他们的贸易和生意，对他们的未来和发展起到关键作用，而通信可以降低他们的资费，加强沟通。

"高铁换大米"：多元合作共建繁荣

这条 2015 年 10 月份开工的中泰铁路，从泰国廊开至帕栖的高速铁路全长大约 600 公里，一旦建成，两地之间的陆路往来速度将缩短为原来的 1/3 甚至 1/5，对激活当地经济非常重要。而泰国将以当地有名的特产——泰国大米兑付中国在泰国基础设施建设中的投资费用。"大米换高铁"，泰国向中国输出大米 100 万吨（分 5 年支付）。按人均每天 0.5 公斤，100 万吨大米可供目前中国人吃一天半。

从泰国放眼全球，目前已经跟中国有战略合作协议或潜在合作意向的高铁计划累计长达 3.47 万公里，这一数字占据了全球高铁建设计划规模的近四成。那么，这其中涉及"一带一路"沿线国家的又是多少呢？答案是 2.63 万公里，占全球高铁建设计划的近三成，占中国有望参与建设的海外高铁总里程的 3/4，这些项目主要集中在俄罗斯、泰国、柬埔寨及东南亚地区。中国绝大部分的高铁项目都将投资建设在"一带一路"沿线国家。

"大米换高铁"，这背后发生作用的正是"一带一路"资金融通新机制。人民币在其中作为计价工具来使用，泰国兑付等额人民币的大米，解决了融资问题，实现了共赢、互利、包容。这并非偶然，数据披露，亚洲开发银行和世界银行每年只能筹到 240 亿美元，通过亚投行每年可融到 4,000 亿美元，每年仅基础设施建设就依然面临近 4,000 亿美元的资金缺口。两国贸易直接使用人民币计价而不是美元，这也是"一带一路""共商、共建、共享"探索出的新道路。

眼下，"一带一路"国家正通过发行债券、银团贷款等方式来撬动全球更多资金参与"一带一路"建设，促使通过多种方式、多种渠道金融合作搭建"一带一路"资金融通的桥梁，共同打通亚洲基础设施建设的金融大动脉。

夏丹片语

在"一带一路"沿线拍摄采访的时候,很多国家的高层决策者对于"一带一路"都表现出浓厚的兴趣。马来西亚交通部长廖中莱在接受采访后,又聊起了中国与马方合作的高铁项目。当地媒体分析说,这个项目的成功运行,让廖中莱在马方政府同僚中的威信和地位都得到了更广泛的认可。巴基斯坦总统马姆努恩·侯赛因特意在采访中提到中巴两国合作建设的基础设施,并主动要求在这个话题上多谈几句自己的思路。巴基斯坦如今正在忙着打通家里的经济大动脉。中国的资金和产能将是"一带一路"沿线国家撬动地球的那个关键支点。

(宋亮)